사랑이라는 세계

Ai suru tameno tetsugaku
ⓒ Haruhiko Shiratori 2021
All rights reserved.
Originally published in Japan by Kawade Shobo Shinsha Ltd. Publishers.
Korean translation rights arranged with
SOYONG through Shinwon Agency Co., Ltd.

이 책의 한국어판 저작권은 신원 에이전시를 통해 Kawade Shobo Shinsha Ltd. Publishers과 독점 계약한 소용에 있습니다. 저작권법에 의해 한국 내에서 보호를 받는 저작물이므로 무단 전재와 복제를 금합니다.

사랑이라는 세계

시라토리 하루히코 지음
나지윤 옮김

이토록 불안한 시대,
사랑은 여전히
인간을 이해하는
유일한 언어

들어가는 글

인간을 이해하는
가장 오래된 철학

사랑이란 무엇일까요? 우리는 언제, 어떻게 사랑하고 있다고 깨닫게 될까요? 긴 시간 골똘히 고민하다가 '아, 나는 사랑에 빠졌구나!'라고 알아차리는 경우는 거의 없습니다.

어느 날 문득 마음을 끄는 사람이 나타나고, 설레는 마음이 이어지다 보면 어느새 그 사람이 특별한 존재가 됩니다. 그러면서 자연스럽게 '그래, 나는 그 사람을 사랑하고 있구나!'라고 믿게 되죠.

누군가를 사랑하지 않던 때보다 사랑하는 지금이 훨씬 행복하다고 느낄 때, 우리는 속으로 조용히 중얼거립니다.

'사랑한다는 건 참으로 멋진 일이구나.'

그 순간만큼은 사랑을 의심하지 않습니다. 경험에서 우러나온 확신은 사랑을 의심하지 않게 합니다. 하지만 거기서 한발 더 나아가 '사랑이란 과연 무엇인가'라고 깊이 탐구하는 경우는 드뭅니다. 대부분 사랑한다는 막연한 감정만 간직한 채, 세월을 따라 나이를 먹어갈 따름입니다. 왜냐하면 이런 질문에 답을 내리기란 쉽지 않기 때문입니다.

그렇다면 '좋아한다'와 '사랑한다'는 어떻게 다를까요? 단지 마음의 정도 차이일까요? 아니면 깊이 차이일까요? 여기서 말하는 정도나 깊이란 또 무얼 뜻할까요? 이런 물음은 연애를 해보면 저절로 깨닫게 될까요? 연애를 해보지 못했다면 영영 모른 채 살아가야 할까요? 그렇다면 연애란 도대체 어떻게 하는 걸까요?

이처럼 사랑에 대해 생각하다 보면 의문은 꼬리에 꼬리를 물고 끝없이 이어집니다.

- 데이트를 하고 육체적 관계를 맺으면 연애한다고 할 수 있을까?

- 반드시 사랑해야만 연애한다고 볼 수 있을까?
- 사랑 없이도 연애는 가능할까?
- 서로 마음이 통하지 않으면 연애라고 부를 수 없나?

우리는 살면서 '사랑'이라는 단어를 참 자주 씁니다. 하지만 정작 그 의미를 제대로 아는 사람은 얼마나 될지 모르겠습니다. 어쩌면 각자 제멋대로 세운 잣대로 '이건 사랑이다', '그건 연애가 아니다'라고 단정 짓는지도 모릅니다.

1970~1980년대 소설, 영화, 드라마에서 자주 쓰던 '순애보'라는 말을 기억하나요? 막상 그 뜻을 물으면 명확하게 설명하기란 쉽지 않습니다. 인류 전체를 향한 애정을 뜻하는 '인류애'라는 말도 마찬가지입니다. '이웃 사랑'은 또 어떤가요? 말 그대로 옆집에 사는 사람을 사랑하라는 뜻일까요? 아니면 길에 스쳐 지나가는 사람들까지 사랑하라는 말일까요?

이렇듯 우리 대다수는 사랑이 정말 무엇인지 제대로 모른 채 살아갑니다. 그러면서도 '사랑'이라는 말을 자주 꺼내고, 때로는 관계에서 변명이나 이유를 댈 때도 이 말을 앞세웁니다. 왜일까요? 아마도 '사랑'이라고 말하는 순간, 마치 평화롭고 궁극적인 해답을 내놓은 듯한 기분이 들기 때문이겠죠.

이 책은 그 물음들을 따라 답을 찾아가는 여정입니다. 여기서 우리는 전 세계 선인들이 남긴 경험과 통찰을 토대로 진정한 사랑이 무엇인지 살펴볼 겁니다.

나아가 사랑이야말로 인간에게 가장 중요한 능력임을 밝히고, 그 능력을 단단히 키우기 위해 어떻게 살아야 할지도 고민해보겠습니다. 그 과정에서 고대부터 널리 이어진 지혜 중 하나인 혼자만의 삶도 제안하려 합니다.

부디 이 책이 당신에게 사랑을 새롭게 바라보는 눈을 열어주는 계기가 되기를 기대합니다.

시라토리 하루히코

• 이 책에서 말하는 '사랑'은 흔히 통용되는 의미의 사랑이 아닌 이 책에서 새롭게 정의한 사랑을 가리킵니다.

차례

들어가는 글
_ 인간을 이해하는 가장 오래된 철학   4

나가는 글
_ 사랑을 기다리는 이에게   236

1장. 불안의 시대, 입 속 모래 같은 사랑
사랑을 잃어버린 세계

사랑을 이유 삼아 스스로를 괴롭히는 사람들	14
가성비를 따지기 시작한 연애와 결혼	21
'당신이 필요하다'라는 말의 의미	24
왜 사랑을 낚으려 하는가	29
이것 때문에 사랑을 잃어버렸다	33
○ 철학자들의 사랑 수업 1	38

2장. 감정이 아닌 사유로서의 사랑
사랑이란 무엇인가

'사랑해'와 '좋아해'는 어떻게 다를까?	44
불안한 시대, 사랑도 불안하다	49
'순도 높은 사랑'이란 무엇일까	54
본질은 받는 게 아니라 주는 데 있다	59
자기혐오는 땅굴만 파게 할 뿐	63
서서히 달라지고 깊어진다	68
예수가 진정으로 원했던 사랑이란	73
부처가 살아 있는 건 행복하라고 말했던 이유	81
○ 철학자들의 사랑 수업 2	86

3장. 타자와 관계 맺고 세계와 연결되어야 하는 이유
왜 지금 사랑이 필요할까

진정한 경험으로 진짜 나를 되찾는다	92
헤치워야 하는 하루가 아닌, 몰입하는 하루를 위해	98
삶의 본질을 경험한다	105

불안한 세상을 넓은 시야로 바라보게 한다   111
사람을 구별하는 힘이 생긴다   117
내가 어떤 상태인지 판단할 수 있다   121
거짓 없는 인생을 살기 위하여   125
◇ 철학자들의 사랑 수업 3   128

4장. 잃어버린 오래된 감각을 찾아서
인간을 이해하기 위한 철학

행복한 왕자는 왜 행복했을까?   132
행복에 꼭 필요한 건 이것이었다   138
정신의 기쁨과 육체의 기쁨을 되찾는 일   143
진짜 사랑과 가짜 사랑을 구별하는 법   147
사랑은 우리를 어떻게 변화시키는가   154
사랑하는 사람의 전부를 알려 하지 않는다   164
자기 중심에서 상대 중심으로   168
누구에게도 휘둘리지 않는 세계   172
○ 철학자들의 사랑 수업 4   177

5장. 사랑, 사람 그리고 삶을 이해하는 법
사랑을 다시 되찾는 길

있는 그대로 사랑하라 182
상대에게 순수하게 몰입하라 192
서로에게 스며들라 195
내가 사랑하면 상대도 응답한다 198
○ 철학자들의 사랑 수업 5 202

6장. 사랑이라는 세계로 돌아가는 연습
모두를 위한 행복한 삶

누군가를 위한 홀로서기 연습 206
나 자신에게 중심을 맞춰라 215
사랑은 생각보다 용기가 필요하지 않다 221
계산하지 않고 마음을 준다 225
고독 속에서 타인을 받아들이는 법 229
○ 철학자들의 사랑 수업 6 234

1장

불안의 시대,
입 속 모래 같은 사랑

사랑을 잃어버린 세계

사랑을 이유 삼아
스스로를 괴롭히는 사람들

:
:
:

 삶은 결코 녹록치 않습니다. 누구에게나 버겁고, 누구에게나 힘겹습니다. 각자 무거운 인생의 짐을 짊어져야 하고 그것도 모자라, 사랑에 얽힌 사연들까지 떠안고 살아갑니다.

 만약 누군가를 사랑하지 않아도 된다면 어떨까요? 아마도 삶은 지금보다 한결 가벼워지고 홀가분해질지도 모릅니다. 그러나 현실은 그렇게 흘러가지 않습니다.

 살다 보면 우리는 은연중에 누군가를 또는 무언가를 사랑해 버리고 맙니다. 누구도, 무엇도 사랑하지 않고 살아가기란 불가능합니다.

가끔은 이런 상상이 떠오르기도 합니다.

'차라리 사랑을 하지 않는다면, 살면서 감당해야 할 무거운 짐이 절반쯤 줄어들지 않을까?'

그런데 사랑 없는 세상을 한번 떠올려 보십시오. 눈앞에 어떤 광경이 펼쳐지나요? 메마른 사막처럼 황량한 풍경입니다. 기쁨은 그림자처럼 사라지고, 삶은 오히려 지금보다 더 큰 고통으로 채워집니다. 부인하고 싶지만, 사랑이란 고통을 안겨주는 씨앗이면서 동시에 기쁨을 피워내는 씨앗이기도 합니다.

그런데 곰곰이 지난 시간을 되짚으면, 사랑 자체가 고민을 일으키는 경우는 드뭅니다. 우리는 늘 "사랑 때문에 괴롭다"라고 말하지만, 실은 사랑 자체가 아니라 사랑을 둘러싼 관계와 상황이 우리를 힘들게 했을 겁니다.

그럼에도 우리는 버릇처럼 "사랑 때문에 힘들다"라고 말합니다. 왜일까요? 인간관계에서 벌어지는 갈등은 대부분 사랑과 얽혀 있기 때문입니다.

정확히 말하면, 우리는 상대와 '사랑만으로' 묶여 있지 않고 '사랑을 이유 삼아' 여러 요소가 함께 얽혀 있습니다. 나와 상대는 사랑이라는 끈으로 이어진 동시에 '사회라는 끈'으로도 연결됩니다. 그래서 우리를 괴롭히는 문제는 사랑이 아니라 대개는 사회적 측면에서 비롯됩니다.

○ **사랑을 잘못 이해한 사례**

그 대표적인 예는 '불륜'이라는 말입니다. 불륜하는 사람들은 자신의 상황에서 "사랑 때문에 힘들다"라고 말하지만 실상은 다릅니다. 결혼한 사람을 사랑하거나 배우자가 아닌 상대와 은밀히 관계를 맺으며 쾌락을 느낄지언정, 그 쾌락 때문에 괴로워할 일은 없습니다. 애당초 육체적 쾌락이 괴로움으로 이어지지 않으니까요.

정작 그들의 마음을 무겁게 짓누르는 건 다른 문제입니다. 두 사람이 은밀한 관계를 맺는다는 사실이 사회적으로, 그러니까 타인들 눈에 죄나 악으로 비춰진다는 점 때문입니다.

그런데 그들이 정말 법이나 제도를 두려워할까요? 설령 의식한다 해도 비중은 크지 않을 겁니다. 대부분 모든 걸 다 알면서 시작했을 테니까요. 그들을 괴롭히는 건 다른 데 있습니다. 불륜 상대 때문에 자신의 혼인 관계가 파탄이 날지도 모른다는 불안감 또는 배우자 몰래 배신하고 있다는 죄책감이 괴로움의 뿌리입니다.

누가 그걸 파탄이나 배신으로 규정할까요? 주변 사람들 그리고 자기 안에 존재하는 '사회인으로서의 자아'입니다. 다시 말해 세상 사람들이 손가락질하는 동시에, 내 안의 있는 '세상 사람 중 한 명'이 나를 단죄한다는 뜻입니다.

그렇다면 '세상 사람'이란 무엇일까요? 여기서 말하는 사람들은 불특정 다수가 아닙니다. 나와 직간접적으로 얽힌 사람들입니다. 곧 가족, 친척, 친구, 직장이나 학교 관계자, 그들의 인맥에 속한 사람들을 뜻합니다. 혈연도 지연도 없는 낯선 타인은 이 개념에 포함되지 않습니다.

그런 '세상 사람' 가운데 한 명은 내 안에도 존재합니다. 그가 내 혼외 관계를 불륜이라 낙인찍고 비난합니다. 알고 보면 '불륜(不倫)'이라는 단어에는 인류의 윤(倫)과 아닐 불(不)이 합쳐져 인류 보편의 윤리나 개인 양심은 없다는 뜻이 있습니다.

그들은 단지 차가운 눈초리, 따돌림의 두려움 때문에 내가 하는 행동이 '옳지 않다'라는 결론에 이를 뿐이죠. 이런 판단은 인간 윤리와는 무관합니다. 고작해야 약삭빠른 손익계산일 뿐이지만 대개는 그런 사실조차 깨닫지 못합니다. 따라서 불륜의 고민은 사랑의 고민이 아닙니다. 사랑과 무관하게, 사회적 통념과 제도가 만들어낸 무언의 압력에 부딪혀 터져나오는 개인의 비명에 불과합니다.

○ 사회인으로 산다는 핑계

　사람들은 스스로를 '사회인(社會人)'이라 부르며, 자신을 사회의 한 구성원으로 여깁니다. 하지만 실제로는 '사회적'이 아니라 '세속적'으로 살아가는 경우가 더 많습니다. 겉으로는 사회인의 얼굴을 하지만, 속으로는 늘 세상의 눈을 의식하며 그 기준에 맞춰 살아갑니다.
　그러다 어떤 사안이 공적인 제도와 맞닿는 순간, '사회'라는 단어는 갑자기 근엄한 얼굴을 하고 등장합니다.

"사회적으로 용납되지 않는다."
"사회에서는 통용되지 않는다."
"현대 사회에서는…."

　이런 말들이 나오면 무게 중심은 곧장 개인의 일상에서 멀어져 법이나 규범처럼 추상적 차원으로 옮겨갑니다. 생활 속에서 느끼는 친숙한 감각은 뒷전으로 밀리고, 제도와 규칙을 말하는 딱딱한 언어가 전면에 나서게 됩니다.
　왜 사회적 문제는 늘 생활 감각과 동떨어져 보일까요? 그 까닭은 '논리'와 '체감' 사이의 간극에서 비롯됩니다. 사회적 문제는 제도와 법의 논리로 다뤄집니다. 우리는 이를 옳고 그름의 문제임을 머리로는 이해하지만, 몸은 눈앞에서 직접 겪는 불편과 손해에 먼저 반응합니다.

인류 전체의 차별 문제를 집 앞 쓰레기 문제보다 가깝고 절실하게 느끼는 사람이 얼마나 될까요? 집 앞 쓰레기 수거가 며칠만 미뤄져도 우리는 금세 불편함을 느낍니다. 이렇듯 삶의 감각은 늘 피부에 닿는 범위에서 먼저 꿈틀거립니다. 하지만 차별 문제가 당장 내 삶에 들이닥치면 어떨까요? 먼 이야기처럼 들리던 문제도 막상 당사자가 되면 얘기가 달라집니다. 머리로만 알던 사실이 몸속 깊이 파고들어 절박한 현실로 다가옵니다.

결국 차이를 만드는 요인은 감정입니다. 내 감정이 얼마나 흔들리고 움직이는가, 여기에 달려 있습니다. 앞서 말한 불륜 문제를 예로 들어볼까요? 스스로 바람을 피우거나 그런 욕망을 품은 사람일수록 불륜 기사에 감정이 요동칩니다. 이런 사람들이 많으니, 주간지나 방송매체는 앞다투어 유명인의 불륜을 파헤치며 판매 부수나 시청률 올리기에 혈안이 되어 있습니다.

하지만 철학자가 방송에 나와 이를 논한다면 얼마나 눈여겨볼까요? 손에 꼽을 만큼 적을 겁니다. 사람들은 애초에 불륜의 논리나 도덕 따위에 관심이 없습니다. 그보다는 현실 속에서 벌어지는 적나라한 남녀관계, 숨겨진 사건, 배신과 질투극에 마음을 쓸 뿐입니다.

요컨대 사람들은 누구에게나 적용되는 일반론보다 감정을 흔드는 이야기, 생생하고 구체적인 사건에 더 강하게 반응합니다. 그런데도 어떻게 보편적인 도덕이나 윤리가 사람들에게 전해져 왔을까요? 학교 교육 덕분만은 아닙니다. 본래 이는 종교에서 비롯된 가르침이 세속화되어 삶 속에 퍼져나간 결과입니다.

거짓말한 사람은 지옥에 떨어진다는 공포감을 조성해 사람들은 거짓말의 해악을 감각으로 배웠습니다. 말로만 가르친 게 아니라, 몸이 먼저 두려워하며 마음에 각인되었죠. 다른 삶의 규범들도 이런 방식으로 전해지고 자리 잡았습니다. 그리고 이런 가르침은 단순한 지식이 아니라, 살아가는 데 필요한 지혜로서 구전되며 이어져 왔습니다.

그 지혜를 전한 사람은 누구였을까요? 그때그때 세상을 대표하던 얼굴들입니다. 부모, 친척, 이웃, 스승, 상사, 지도자, 종교인, 그리고 TV와 드라마, 노래 가사까지 다양한 존재들이었죠.

가성비를 따지기 시작한
연애와 결혼

:
:
:

세속에 몸을 맡기다 보면, 알게 모르게 세상이 주입하는 가치관에 물들기 십상입니다. 의식할 틈도 없이 정맥에 천천히 흘러드는 수액처럼 물듭니다.

그렇게 은밀히 스며든 가치관은 사랑이라는 이름으로 가장 사적인 영역까지 파고듭니다. 분명 진심으로 시작된 감정이었을지라도, 어느새 다른 무언가로 변질되곤 합니다. 왜일까요? 사랑이라고 부르는 관계에 수많은 계산과 거래가 끼어들기 때문입니다.

예컨대 이런 생각들입니다.

'이 사람과 관계를 유지하면 나는 행복해질까?'
'함께 살면 풍족하게 살 수 있을까?'
'혹시 상대에게 숨겨진 결함은 없을까?'

이런 모습은 마치 물건을 집어 들고 가성비를 따지는 소비자와 다르지 않습니다. 이익과 손해를 꼼꼼히 따지며, 상품의 질을 의심하는 모습입니다. 이것이 상대를 동등한 인간으로 대하는 정상적인 관계일까요? 인간 사이의 관계라기보다 선반에 늘어선 상품을 흥정하는 장면에 가깝습니다. 결혼정보회사에서 상대를 선택하는 과정은 한층 노골적인 거래 시장입니다. 감정이 싹트기도 전에, 학력이나 직업 같은 조건부터 평가하니까요. 이쯤 되면 상대는 나와 같은 인간이 아니라 계산기 속 숫자에 불과합니다. 관계의 본질이 거래로 전락한 셈이죠.

○ **금전적 손익과 결혼을 비교한 대가**

꼼꼼히 가성비를 따지고 따진 끝에 결혼했다고 칩시다. 그 결혼은 어떤 모습일까요? 새 가전제품을 들여놓는 일과 흡사합니다. 만약 결함이 드러난다면? 하자가 생기면 주저 없이 처분하듯 '이혼하면 그만'이라고 생각합니다.

사람들은 이렇게 말할지도 모릅니다.

"결혼은 앞으로의 인생이 달린 중대한 결정이니, 신중히 따지는 건 당연하다."

겉으론 현실적으로 들리지만, 우리가 따지는 조건이 정말 현실일까요? 사실은 미래에 일어날 수많은 가능성 중 하나를 미리 부풀려 상상할 뿐입니다. 아직 오지도 않은 일을 확정된 불행마냥 두려워하는 일에 지나지 않습니다. 세속적 사고에 길들여진 나머지, 한 가지 선택이 내 금전적 손익과 생활 수준을 좌우한다고 믿습니다.

그 믿음의 바탕에는 '최선의 선택은 반드시 최선의 결과를 낳는다'라는 단순한 전제가 깔려 있습니다. 인생을 원인과 결과로만 바라보는 이 믿음 속에 정작 '나'라는 주체는 없습니다. 내가 어떤 행동을 하고, 그 행동이 어떤 변화를 만들어낼지는 상상하지 못한 채 조건과 환경 탓으로만 돌립니다. 그 자리에는 철저한 의존만 남습니다. 그 뿌리에는 내일도, 모레도, 5년 뒤도, 10년 뒤도 지금과 크게 달라지지 않은 상태에서 안전하게 살아야 한다는 오만한 확신이 숨어 있습니다. 그것이 바로 연애와 결혼을 거래로 전락시키는 보이지 않는 뿌리입니다.

'당신이 필요하다'라는 말의 의미

　연애나 결혼은 상대가 있어야 가능합니다. 그런데 그 밑바닥을 들여다보면, 동기의 상당 부분은 결국 나 자신의 욕망입니다. 사회는 끊임없이 그 욕망에 불을 지피죠. 우리는 외모의 잘생김과 못생김, 유전자의 우월과 열등, 소득의 많고 적음, 직함과 직업 같은 기준으로 상대를 평가합니다.
　왜 하필 이런 기준일까요? 사회에서 이루어지는 모든 거래가 똑같은 기준을 따르기 때문입니다. 그래서 상품을 평가하듯 사람을 재단합니다.

이는 명백한 '범주 오류'[1]입니다. 마치 물건에 쓰이는 잣대를 사람에게 들이대는 오류와 같습니다.

그 결과는 어떨까요? 상대를 물건으로 바라보는 순간, 그 연애와 결혼이 진정한 애정으로 이어질 가능성은 극도로 희박해집니다. 그저 조건에 맞춰 서로를 이용하는 관계로 이어질 뿐입니다.

그렇다면 이런 관계 속에 사랑이 조금도 없을까요? 어쩌면 2퍼센트쯤은 존재할지도 모릅니다. 하지만 사랑이 관계에서 중심이 되는 일은 결단코 없습니다.

연애를 막 시작한 젊은 연인들도 대개는 사랑보다 욕망이 더 크게 작동합니다. '첫눈에 반했다'라는 말은 얼핏 로맨틱하지만 사실은 욕망, 그중에서도 성적 욕망이 강하게 발현된 경우라고 볼 수 있습니다. 첫눈에 상대의 육체가 조금도 끌리지 않는데 사랑이라는 감정이 싹틀 수는 없으니까요.

이렇게 세상에는 사랑이 없지만 깊은 관계처럼 보이는 경우가 있습니다. 당사자들은 그 관계를 사랑이라 믿지만 실상은 포획, 집착, 소유, 구속에 가깝습니다.

---

[1] 범주 오류는 한 영역에서만 유효한 특징을 다른 영역에도 그대로 적용하는 잘못을 말한다.

수많은 격정적인 연애 드라마는 이런 관계를 사랑이라 포장합니다. 늘 극적인 사건이 터지고, 숨겨진 비밀이 드러나며, 인물들은 울고 소리치고 난리법석입니다.

누군가는 그런 장면들을 보며 생각합니다. 사랑이란 격렬하고 소란스럽고 서로를 끝없이 갈망해야 한다고.

정말 사랑이 그토록 격렬하고 소란스러운 감정일까요? 만약 사랑이 서로를 열렬히 갈망하기만 할 뿐이라면, 그건 잠시 불붙었다가 꺼지는 욕망일 뿐입니다. 그렇다면 굳이 '사랑'이라고 부를 필요가 없다고 봅니다. 차라리 '격렬한 성적 욕망'이라고 이름 붙이는 편이 훨씬 정확하고, 이해하기도 쉽다고 생각합니다. 그런 관점에서 어쩌면 사랑은 '욕망'을 숨기려는 철저한 위장막일지도 모릅니다.

○ **사랑을 도구로 삼을 때 드러나는 것들**

사람들은 왜 욕망을 감추려 할까요? 욕망이라는 말이 너무 저속하게 들리기 때문이 아닐까요? 확실히 그 단어에는 고상함이 없습니다. 영어 단어 'desire'로 바꾸어도 마찬가지죠.

왜 욕망이라는 말이 우리에게 저속하게 다가올까요? 우리는 경험으로 욕망이란 강렬한 이기심에서 비롯된다는 사실을 알기 때문입니다.

한 남자가 "나도 여자 친구가 있으면 좋겠다"라고 말한다고 합시다. 그 말은 무엇을 드러낼까요? 외로움? 사랑을 갈망하는 마음? 아니면 연애 호기심?

이유가 무엇이든 결론은 하나입니다. 그는 자기 욕망을 드러낸다는 점입니다. 여자 친구라는 존재가 필요하고 사랑이 필요하다기보다, 여자 친구가 있어야 누릴 수 있는 무언가를 바라는 결과입니다. 이때 여자 친구라는 존재는 무언가를 위한 도구에 지나지 않습니다. 여기서 중요한 사실은 '무언가를 도구로 삼는다'[2]라는 점입니다.

포크로 파스타를 먹을 때, 목적은 포크가 아니라 '파스타를 먹는 행위'입니다. 포크는 단지 도구일 뿐입니다. 포크가 아니어도 얼마든지 파스타를 먹을 수 있으니까요.

즐거움에서도 이 차이는 분명하게 드러납니다. 캐치볼을 할 때 공은 그저 나를 즐겁게 해주는 도구이지, 공 자체가 목적은 아닙니다. 꼭 공일 필요도 없죠. 던지고 주고받는 무언가가 있다면 얼마든지 대신합니다. 하지만 춤이나 승마는 다릅니다.

---

[2] 게오르크 짐멜은 『사랑의 단상·일상의 단상』이라는 일본 편역본에서 인간을 도구로 삼는 태도에 대해 이렇게 지적한 바 있다.

춤은 훌라후프가 아니라 반드시 춤이어야 하고, 승마는 나무 말이 아니라 반드시 살아 있는 말이어야 합니다. 즉, 그 자체가 목적일 때만 비로소 성립하는 겁니다. 우리가 무언가를 단지 수단으로 즐길 때는 온몸을 다해 몰입하지 못합니다. 자신이 가진 일부만 살짝 활용해 잠시 기분을 달랠 뿐이죠.

앞서 말한 남성도 그렇습니다. 그는 마음이 내킬 때 여자 친구라는 도구로 데이트나 성적 행위를 즐기려 할 뿐입니다. 그래서 특정인을 지목하지 않고 '여자 친구'라는 일반적인 개념으로 표현한 겁니다.

그가 "아내가 필요하다"라고 말한다면 달라질까요? 본질은 같습니다. '아내'라는 일반적인 개념으로 표현했다는 뜻은 아내 역할을 수행할 사람, 즉 도구화된 인간을 원한다는 뜻입니다. 그 속에 특정인을 향한 사랑은 없고 오직 이기적인 욕망만 가득할 뿐입니다. 타인을 자신이 원하는 목적을 이루기 위한 도구로 보기 때문입니다.

바로, 욕망이 저속하고 때로 비인간적으로까지 다가오는 이유입니다. 많은 사람은 이런 태도가 사랑과 무관하다는 사실을 깨닫지 못합니다. 왜일까요? 대다수가 사회라는 틀 속에서, 욕망의 손익에 따라 행동하는 데 너무도 익숙하기 때문입니다.

왜 사랑을
낚으려 하는가

　욕망에서 비롯된 연애는 대체로 파국을 맞이합니다. 이유는 단순합니다. 인간이 가진 욕망이란 본래 변덕스럽기 때문입니다. 또 다른 이유는 한쪽 또는 양쪽이 은밀히 상대를 점수 매기며 관계를 가늠하기 때문입니다. 예고도 없이 집에 들이닥쳐 구석구석을 살펴보는 '불시 점검'처럼, 관계를 계속 유지할지 말지를 따져봅니다.
　지금 만나는 상대보다 더 매력적이고 심지어 자신과 교제할 가능성까지 있는 누군가가 나타난다면? 대다수는 권태가 깃든 관계를 정리하고 새로운 쪽을 택할 확률이 높습니다.

당사자는 죄책감보다 단골 식당이 지겨워져 다른 식당을 찾는 일과 다르지 않다고 여길 겁니다. 누군가는 이를 '바람'이라 부르고, 누군가는 '새로운 사랑'이라 부르겠지만 부르는 이름만 다를 뿐 본질은 같습니다.

이렇듯 많은 사람이 교제하면서도 끊임없이 상대를 다른 이와 비교하며 점수를 매깁니다. 가치가 낮다고 판단되면 주저 없이 관계를 끊어버리죠. 이것이야말로 현대 인간관계의 특징입니다.

비슷한 장면은 비즈니스 세계에서도 펼쳐집니다. 약육강식 논리가 지배하는 냉혹한 세계에서, 사이코패스[3] 성향을 가진 인물이 승자로 등극하는 경우가 많습니다. 그들은 타인을 스펙과 성과로만 평가하고 물건을 사는 사람을 소비자라 부르며 시장의 부품처럼 취급합니다. 관료 역시 다르지 않습니다. 시민을 '납세자'라고만 부르는 표현에서 그 시각이 고스란히 드러납니다.

연애라고 예외일까요? 대부분 교제를 시작하기 전부터 이미 상대를 물건처럼 평가합니다.

---

3   사이코패스는 극단적으로 자기중심적이며 타인을 목적 달성을 위한 수단으로만 여기는 성향을 지닌 정신장애의 한 유형이다. 양심이 결여되어서, 타인을 속이거나 해를 끼쳐도 죄책감을 느끼지 않는다.

'멋지다, 아름답다, 섹시하다, 귀엽다'라는 표현은 단순한 묘사가 아니라, 물건의 외형을 평가하는 언어입니다. 옷이나 자동차를 평가할 때와 다를 바 없습니다.

그런 감각 속에서 타인은 자연스럽게 '획득의 대상'으로 전락합니다. 그래서 '낚았다', '가졌다' 같은 표현도 거침없이 합니다. '길거리 헌팅'이란 말 또한 수족관의 물고기를 무작위로 잡아 올리는 행위와 다르지 않습니다.

상대를 물건으로 여기는 순간 드러나는 욕망은 곧 소유욕입니다. "네가 갖고 싶다", "너는 내 것이다"라는 말에는 이런 소유욕이 고스란히 담겼습니다. 상대방 부모를 찾아가 "이 여성을 저에게 주십시오"라고 허락을 구하는 일도 같은 맥락입니다. 이런 표현에는 사람은 반드시 어떤 집단에 소속되고, 그 소속처의 허락을 받아야 소유한다는 감각이 전제되었죠.

소유를 당하는 쪽도 그 사실을 어렴풋이 압니다. 그래서 연애가 끝나면 '버림받았다'라는 표현을 씁니다. 만약 대등한 관계였다면 '버림받았다'가 아니라 '헤어졌다'라고 표현하겠죠.

○ **사랑은 도구가 아니다**

사람을 물건처럼 소유하고 처리한다는 생각은 사회 전반에 깊게 뿌리내려 있습니다. 흔히 '내가 얻었으니 내 마음대로 해도 된다'라는 태도를 보이죠.

이런 태도는 인권을 무시하는 차원을 넘어, 인간이라는 존재에 대한 근본적인 무지를 드러냅니다. 살다 보면 인간은 어떤 목적을 이루기 위한 도구가 될 수 없음을 깨닫게 됩니다. 더구나 인간은 끊임없이 변화하는 존재이기에, 누군가를 특정한 유형에 가두는 일은 애초부터 불가능합니다.

그럼에도 사람들은 여전히 "저 사람은 말이야…"라는 식으로 쉽게 말하곤 합니다. 이는 오래된 심리학의 피상적인 해석에 기대거나, 애니메이션 속 캐릭터 설정을 그대로 현실의 인간에게 덧씌우는 범주 오류를 범합니다.

기업 안에서도 이 오류는 빈번하게 일어납니다. 그것이 기업 문화로 굳어지면, 평범한 직원들조차 그 영향을 받아 생각과 행동까지 왜곡되기 마련입니다.

결국 우리는 사물을 단순하게 이해하려는 욕망 탓에, 개념과 현실을 구분하지 못하고 동일시하는 오류에 빠집니다. 머릿속 이미지가 곧 현실이라고 믿는 착각, 마치 만화 속 요정이 실제로 존재한다고 믿는 일과 같습니다. 이런 사고방식이야말로 오늘날 사회 전반에 널리 퍼진 특징이라고 봅니다.

이것 때문에
사랑을 잃어버렸다

세상에는 불특정 다수의 시선을 끌고 싶고, 사랑받고 싶은 이들이 있습니다. 그들 역시 '사랑'이라는 말을 입에 올리지만, 정작 진정한 의미의 사랑과는 거리가 멉니다. 사실은 자기 욕망을 드러내는 한 방식일 뿐입니다. 겉으로는 "나는 사랑받고 싶다"라고 말하는 듯 하지만, 그 속에는 "너희가 나를 사랑해라"라는 요구, 어쩌면 명령이 숨어 있습니다.

이는 타인을 도구로 바라보는 시선에 불과합니다. 칭찬받고 싶다는 욕망에 가득 찬 그들은 스스로 얼마나 대단한 사람인지, 얼마나 인정받아 마땅한지를 말과 행동으로 끊임없이 보여줍니다. 그렇게 해서 어떻게든 타인에게 칭찬을 끌어내려 합니다.

그 과정에서 과한 화장, 눈에 띄는 옷차림, 튀는 행동, 특이한 말투나 발성 등이 동원됩니다. 그들은 이렇게 시선을 끌고 원하는 반응을 얻으려 합니다. 이는 어디까지나 원하는 바를 얻으려는 과시적 연기에 지나지 않지만, 자신은 개성과 노력의 산물이라고 굳게 믿습니다. 그리고 주변 사람들은 이러한 연기를 별다른 의심 없이 받아들입니다.

우리는 이런 마음을 '허영심'이라 부릅니다. 허영심이 강한 사람은 그것이 허영, 곧 실체 없는 그림자에 불과하다는 사실을 깨닫지 못합니다. 끊임없이 자신을 드러내야만 사랑받고 인기를 얻는다고 믿죠. 인간의 가치란 오직 다수에게 인정받는 데 있다고 여기기에, 인정받는 순간의 자신을 누구보다도 자랑스러워합니다. 그에게 타인이란 자기 가치를 확인하고 보증하는 장치일 뿐입니다.

그도 가끔은 다른 사람을 칭찬하기도 합니다. 하지만 그 칭찬은 늘 자기가 아래로 보는 사람에게로 향하며 대체로 알맹이 없는 빈말에 그칩니다. 오직 자신만이 세상에서 가장 특별한 존재라고 믿으니까요.

겉으로 보면 이런 사람들은 자기애가 지나치게 강한 사람처럼 보입니다. 하지만 그들이 감탄하고 존경하는 실체는 자신의 재능이나 능력도 아닙니다. 정작 무언가를 이뤄낼 힘은 없으면서, 단지 인기가 많다는 허상 속에서 가짜 충만감을 느낄 뿐입니다.

게다가 진정한 의미에서 자기애가 강하지도 않습니다. 그들이 인식하는 자기 모습은 칭찬받을 때의 이미지에 지나지 않습니다. 그 이미지를 진짜 자기 모습이라고 착각할 따름이죠. 그렇기에 그들은 애초부터 자아를 잃어버린 사람들입니다. 자아가 없으니 평판, 지위, 직함, 수입처럼 외부에서 주어진 요소로 지탱합니다.

○ **철학과 멀어진 사람들**

'자아가 없다'는 말이 다소 낯설게 들릴지도 모르겠습니다. 하지만 자아 없이 살아가는 사람들이 세상에는 존재합니다. 흥미로운 점은 정작 당사자는 자아가 없다고 느끼지 않는다는 겁니다. 오히려 자신이 매우 개성적인 인간이라고 여깁니다. 그가 말하는 자아란 기껏해야 습관이나 버릇, 아직 드러내지 않은 취향과 욕망 정도에 지나지 않습니다.

자아가 없는 사람은 철저히 세속적인 삶을 살아갑니다. 그것이야말로 올바른 삶이라고 확신합니다. 자신이 속한 조직과 집단의 규범에 충실히 따르고 그 기대에 맞춰 말하고 행동합니다. 자신에게 주어진 역할(이라 믿는 것)을 성실히 수행하고 어디에서도 문제를 일으키지 않으며 사회인으로서 착실하게 살아왔다고 자부합니다.

그들은 왜 이런 삶을 모범이 된다고 믿을까요? 자신이 속한 조직과 조직 안에서의 서열이야말로 그 무엇보다 절대적이고 중요하다고 생각하고 살기 때문입니다.

달리 말하면, 자아가 없는 사람은 철학과 거리가 가장 먼 사람입니다. 그는 지금까지 쌓아온 지식과 경험을 돌이켜보고 그 속에서 새로운 사유를 길어 올려 자신만의 견해를 드러내는 일을 해본 경험이 없습니다. 신문이나 주간지, 가벼운 대중서만 읽고 지연이나 학연, 취미로 연결된 사람들하고만 관계를 맺으며 피상적인 세상사나 뻔한 이야기에 안주합니다. 온갖 사회적 관습에 젖어, 그 너머에 다른 세계가 있음을 알아차리지 못합니다.

자아를 잃어버린 이들에게 세계와 인생은 지위와 욕망으로 얽힌 복잡한 만다라와 같습니다. 인생이란 자신이 세상이라 부르는 고정된 질서 속에서만 재생된다고 느끼죠.

사랑받고자 하는 욕망이 강한 사람은 이렇게 말합니다.

"능력이나 성적 매력을 키우면 사랑받을 거야."

과연 그럴까요? 이러한 생각은 세속적 삶의 방식에 뼛속 깊이 물들어버린 결과입니다. 그들은 사랑받는 조건을 갖추려는 과정에서 자신이 상품화된다는 사실을 깨닫지 못합니다. 노력해서 '이제야 사랑받을 수 있겠다'라고 안도한들, 실제로는 연애 시장의 욕망에 부합하는 상품이 될 뿐이죠.

문제는 연애 시장의 욕망이 늘 변한다는 점입니다. 시장은 언제나 새로운 매력을 원하고, 지금 가진 매력은 금세 빛을 잃고 맙니다. 그들은 이렇게 말합니다.

"그럼 또 새로운 매력을 갖추면 되지!"

그러나 이는 낡아버린 자동차 겉면을 여러 겹 덧칠하는 행위와 같습니다. 겉모습이 잠시 새로워 보일지라도 본질이 조금씩 마모되어 간다는 사실을 감출 수는 없습니다.

지금까지 사랑을 잃어버린 이유에 대해 이야기했습니다. 다음 장부터는 사랑이 무엇이고, 어떻게 사랑을 해야 하는지 살펴보겠습니다.

철학자들의 사랑 수업 1

각 장이 끝날 때마다 역사 속 인물들이 사랑에 관해 남긴 말들을 골라, 이 책의 주제를 더욱 깊이 이해할 수 있도록 짧은 해설을 덧붙이려 합니다.

이 언어들은 선인들이 자기 삶 속에서 오랜 진통과 깊은 사색을 겪으며 길어 올린 결정체입니다. 흥미로운 점은 서로 다른 시대와 환경에서 전혀 다른 운명을 걸어간 인물들이 남긴 생각인데도 지금 우리와 공통점이 많다는 사실입니다. 이는 사랑의 모습이 시대와 문화, 개인의 차이를 뛰어넘어 언제나 변함없음을 의미합니다.

우리는 이렇게 말할 수도 있겠네요. 사랑이란 시대를 초월하는 보편적 진리라고 말입니다.

니체[4]는 『선악의 저편』에서 사랑에 대해 이렇게 말했습니다.

---

[4] 프리드리히 니체(1844~1900)는 프로이센에서 태어났으나 훗날 무국적자가 되어 여러 곳을 여행한 철학자이다. 그는 허무주의의 극복을 설파했다. 주요 저서로 『즐거운 학문』, 『차라투스트라는 이렇게 말했다』, 『인간적인 너무나 인간적인』 등이 있다.

사랑에서 비롯되는 행위는 언제나 선악의 저편(彼岸)에서 일어난다.

선악을 가르는 기준은 언제나 법이나 풍습 또는 세상의 가치 판단에 기대어 있습니다. 사랑에서 비롯된 행위는 처음부터 그런 기준과 무관합니다. 그래서 사랑은 늘 저편, 곧 세속의 잣대를 훌쩍 넘어선 자리에서 일어납니다.
니체는 또 이렇게 말했습니다.

"누군가를 사랑하는 사람은, 상대 안에 숨겨져 있던 고귀한 성질을 드러나게 한다."

그렇기에 남들에게 천박하고 하찮게 보이는 사람일지라도, 사랑을 받는 순간에는 놀라울 만큼 고귀한 빛을 발합니다.
쇼펜하우어[5]는 『존재와 고통』에서 이렇게 말했습니다.

사랑의 열정이 충족되더라도, 행복보다 불행이 따르는 경우가 많다. (…) 왜냐하면 그런 사람들은 성적 관계를 제외하면 혐오스럽고 경멸스러우며, 원래는 싫어했어야 할 이성에게 빠져 있기 때문이다.

---

[5] 아르투어 쇼펜하우어(1788~1860)는 독일 철학자로 세계를 움직이는 건 맹목적인 '의지'라고 주장했다. 주요 저서로 『인간 의지의 자유에 대하여』, 『의지와 표상으로서의 세계』 등이 있다.

쇼펜하우어의 이 냉혹한 말을 거꾸로 뒤집어 본다면 어떤 결론에 닿을까요?

인기를 얻으려면 인간관계에는 불성실하고, 성격은 불친절하며, 행동은 비열한 사람이어도 성적인 매력만 있으면 충분히 인기를 얻는다는 사실입니다.

그러나 그런 사람에게 과연 행복이 깃들 수 있을까요? 잠시 쾌락을 누린다 해도, 자기 일 하나 성실히 감당하지 못하는 사람이 하루아침에 제대로 된 인간으로 거듭날 리 만무합니다. 쇼펜하우어의 이 말은 역설적으로 진정한 행복이란 책임과 성실 위에서만 가능하다는 사실을 보여줍니다.

사회학자 게오르크 짐멜[6](Georg Simmel)은 너무도 단순하지만 본질적인 사실을 『사랑의 단상』에서 이렇게 말했습니다.

생명이 사랑에서 태어나는 게 아니라, 사랑이 생명에서 태어난다.

흔히 '아기는 두 사람이 사랑한 결과물'이라고 생각하지만 사실은 인과가 거꾸로 된 설명입니다. 생명이 있기에 사랑이 시작되고, 사랑이 있기에 다시 새로운 생명이 이어지죠. 짐멜의 이 말에는 인간에 대한 깊은 존중이 담겨 있습니다.

---

[6] 게오르크 짐멜(1858~1918)은 독일 철학자로 사회학의 태동기에 크게 기여했다. 주요 저서로 『철학의 주요 문제』, 『돈의 철학』 등이 있다.

에리히 프롬[7]은 사랑에 대해 『사랑의 기술』에서 이렇게 말했습니다.

> 성숙한 사랑은 자기의 온전함과 개성을 지닌 채 맺어지는 결합이다. (…) 사랑을 통해 인간은 고립과 외로움을 넘어서면서도 여전히 자기 자신으로 남고, 자기의 전체성을 잃지 않는다. 사랑에서는 두 사람이 하나가 되지만 동시에 둘로 남는다는 역설이 일어난다.

많은 관계가 주종 관계나 의존 관계에 묶여 있으면서 이를 사랑이라 착각합니다. 드라마와 영화가 그런 관계를 그럴듯하게 포장하기에, 쉽게 환상에 빠지기도 합니다. 그러나 그건 사랑이 아니라 환영에 불과합니다.

진정한 사랑은 다릅니다. 서로가 녹아드는 순간이 있더라도 열정에 도취되지 않습니다. 때로는 정면으로 부딪치기도 합니다. 그러나 그 맞섬조차 사랑을 더 깊고 단단하게 만드는 과정이 될 뿐입니다.

---

[7] 에리히 프롬(1900~1980)은 독일 태생의 유대계 사회심리학자이자 철학자로 파시즘의 심리학적 기원을 밝혔다. 주요 저서로 『자유로부터의 도피』, 『사랑의 기술』 등이 있다.

2장

감정이 아닌 사유로서의 사랑

사랑이란 무엇인가

'사랑해'와 '좋아해'는 어떻게 다를까?

　사랑이란 대체 무엇을 뜻하는 말일까요? 우리가 원한다고 쉽게 손에 넣을 수 있을까요? 우리는 사랑을 다 안다고 생각하지만 그렇지 않습니다.

　사랑을 잠시 외로움을 달래줄 수단으로 쓴다면 얻을지도 모릅니다. 하지만 그 순간을 사랑이라 말하기엔 부족합니다. 그래서인지 사랑이란 가까이 다가서려 할수록 점점 멀어지는 신기루처럼 관념에서만 빛나는 환영처럼 느껴집니다.

　인류가 무언가를 기록한 이래, 사랑을 완벽하게 정의하거나 설명한 말은 어디에도 없습니다. 철학자와 사상가들이 저마다 체험하고 사유하며 길어 올린 단편적 견해로만 전해질 뿐입니다. 그 가운데 하나가 사도 바울[8]이 쓴 『성경』의 한 편지에 담겨 있습니다.

> 사랑은 오래 참고 사랑은 온유하며 투기하는 자가 되지 아니하며
> 사랑은 자랑하지 아니하며 교만하지 아니하며
> 무례히 행치 아니하며 자기의 유익을 구치 아니하며
> 성내지 아니하며 악한 것을 생각지 아니하며
> 불의를 기뻐하지 아니하며 진리와 함께 기뻐하고
> 모든 것을 참으며 모든 것을 믿으며 모든 것을 바라며
> 모든 것을 견디느니라. _「고린도전서」 13장 4~7절

이 편지에서 눈여겨 볼 점은 '사랑이란 이것이다'라는 개념적 정의를 내리지 않는다는 사실입니다. 대신 타인을 대하는 여러 태도로써 사랑을 묘사합니다.

사랑이 간단한 설명이나 정의로는 담아낼 수 없는 개념이기 때문입니다. 그래서 이 편지에는 사람을 대하는 태도 속에서 사랑이 어떻게 드러나는지를 구체적으로 보여줍니다.

---

8 사도 바울(~기원후 68년경)은 예수 이후 그의 가르침을 따르게 된 유대인이다. 다수의 서신을 통해 기독교 교리를 설명했다.

주목할 점은 여기서 묘사하는 사랑이란 '누군가에게 사랑받는 순간'이 아니라는 사실입니다. 오히려 내가 어떤 태도를 취할 때 그 안에 사랑이 깃드는지를 묻습니다. 철저히 내가 주체가 되는 이야기죠. 사랑은 내가 타인에게 받는 '수동적인 경험'이 아니라 내가 타인에게 행하는 '능동적인 실천'으로 드러납니다.

○ **사랑은 스스로 피어나는 것**

이처럼 사랑을 구체적인 행동 사례들로 보여주는 방식은 곧 '사랑이란 스스로 사랑하는 일'이라는 분명한 명제를 바탕으로 합니다. 흥미롭게도 이런 관점은 『성경』만의 독창적 견해가 아닙니다. 독일 사회학자 게오르크 짐멜은 그의 저서 『사랑의 단상·일상의 단상』에서 이렇게 말했습니다.

사랑은 사랑하는 사람에게만 존재한다.

기원전 4세기 철학자 아리스토텔레스(Aristotle)[9]도 『니코마코

---

9 아리스토텔레스(기원전 384~322)는 고대 그리스의 철학자이자 플라톤의 제자로 이전까지의 철학을 학문 체계로 분류하고 정립했다.

스 윤리학』에서 이렇게 말했습니다.

> 사랑은 사랑받는 데 있는 게 아니라, 사랑하는 데 있다.

20세기 사회 심리학자 에리히 프롬(Erich Fromm) 역시 『사랑의 기술』에서 이렇게 표현했습니다.

> 사랑은 받는 것이 아니라, 주는 것이다.

독일 철학자 막스 셸러(Max Scheler)[10]도 『인간성의 가치를 찾아서』에서 이렇게 말했습니다.

> 사랑은 언제나 자발성으로 드러난다.

결국 이들의 견해가 모아지는 지점은 하나입니다. 사랑은 '능동적인 행위'라는 점입니다.
이런 생각은 오늘날 우리들에게 적잖은 놀라움을 줄지도 모릅니다.

---

10   막스 셸러(1874~1928)는 독일의 철학자로 철학적 인간학을 제창했다.

세상 곳곳에서 전해지는 사랑에 대한 메시지들을 보면, 사랑은 두 사람 사이에서 싹트는 감정처럼 보이니까요. 스스로 먼저 건네는 일방적인 행위가 사랑이라는 생각은 좀처럼 받아들이기 힘들 겁니다.

세대마다 사랑을 향한 생각이 다를까요? 나이와 무관하게 많은 사람들이 사랑이란 '좋아한다'라는 감정이 차곡차곡 쌓이고, 농축되고, 증류되어, 어느 순간 절정에 이른 상태라고 여깁니다. 다시 말해 그들은 사랑을 호감의 연장선에 있는 감정이면서, 동시에 호감보다 한층 빛나고 숭고한 형태로 받아들입니다.

불안한 시대,
사랑도 불안하다

　　만약 많은 사람이 사랑을 호감의 다른 표현으로 생각한다면, 사랑은 무언가에 반응해서 생겨나는 감정의 한 종류라는 뜻이 됩니다. 왜냐하면 감정이란 본래 자기 바깥에 존재하는 대상에게 싹트는 강렬한 반응으로 불리니까요. 그건 눈앞에 보이는 사물일 수도, 오래전 기억이나 경험일 수도 있습니다. 때로는 추상적인 생각일 수도 있죠.

　　우리는 아무 까닭 없이 갑자기 기쁘거나 즐겁거나 화가 나거나 슬프지 않습니다. 언제나 그 불씨가 되는 물리적·심리적 계기가 존재합니다. 감정이라는 불꽃을 지피는 요인은 늘 바깥에서 옵니다.

　우리가 보고 듣는 순간 불현듯 떠오르는 과거 장면이나 기억들이 맞물리며 우리 마음속에 불씨를 일으킵니다. 그렇게 불꽃이 타올라 기쁨이나 즐거움, 분노, 슬픔 같은 감정에 휩싸이곤 합니다. 누군가를 좋아하거나 싫어하는 마음은 이런 감정의 특징을 잘 나타냅니다.

　우리는 왜 어떤 사람에게는 호감을 느끼고, 어떤 사람에게는 그렇지 못할까요? 그 이유는 우리가 살아온 환경과 그 속에서 쌓아온 경험이 남긴 기억과 관련됩니다. 좋아한다는 감정은 단순히 눈앞에 보이는 상대를 향해 저절로 일어나지 않고, 내가 살아오며 쌓아온 경험과 기억을 토대로 싹트는 반응입니다. 그래서 내 마음이 편안하게 받아들이는 사람은 자연스럽게 좋아하게 되고, 그렇지 않은 사람은 좋아하지 않게 되는 겁니다.

　이러한 기준은 늘 내 경험과 기억이 밑바탕이 되고, 여기에 세상이 만든 가치관이나 윤리가 더해집니다. 만약 내 기준과 세상의 기준이 정확히 맞아떨어진다면, 내가 느끼는 호불호(好不好)는 세상의 호불호와 크게 다르지 않을 테죠.

○ **사랑을 감정으로 두면 안 되는 이유**

　그렇다면 내 기준에서 완전히 벗어난 무언가를 마주했을 때는 어떨까요? 우리는 그 순간을 판단하지 못하고, 뚜렷한 감정을 느끼기도 어렵습니다. 이를테면 처음으로 미술관에서 앙리 마티스나 바실리 칸딘스키, 잭슨 폴록 같은 화가들의 추상화를 마주했다고 해봅시다. 어쩐지 낯설고 어색한 작품 앞에서 선뜻 좋거나 싫다고 말하지 못한 채 머뭇거릴 겁니다.

　감정이란 금세 치솟다가도 이내 가라앉곤 합니다. 배가 고프거나 부를 때처럼 몸 상태만으로도 감정은 전혀 다른 빛깔을 띠곤 합니다. 심지어 복용하는 약에 따라 달라지기도 하고, 날씨나 기압 변화에 따라서도 감정은 쉽게 요동칩니다.

　그렇다면 사랑 또한 결국 불안정한 감정일까요? 이 물음을 던지면, 많은 이들이 고개를 저으며 반박합니다. 사랑은 훨씬 더 고귀하고, 더 고차원적인 감정이라고 말합니다. 하지만 아무리 그 의미를 특별히 여긴다 해도, 만일 좋아하는 마음이 쌓이고 커져서 사랑이 된다고 한다면, 사랑이란 감정의 한 형태라는 결론에 다다릅니다. 사랑의 출발점이 호불호에서 호(好), 즉 '좋아함'이라는 감정이라면, 그건 결국 자신의 취향, 곧 지금까지 쌓아온 경험과 사회적 가치관에 쉽게 흔들리는 불완전한 감정이라는 뜻이니까요. 그렇기에 시간이 흐르고 새로운 경험이 쌓이면 취향 또한 자연스레 달라질 수밖에 없습니다.

'영원한 사랑'을 다짐하며 결혼한 두 사람이 몇 년 후 언제 그랬냐는 듯 이혼 도장을 찍는 일도 같은 맥락입니다. 애초에 호불호와 세속적인 이해관계 속에서 결혼을 선택했으니까요.

'좋아함'과 '싫어함'이라는 감정은 본래 불안정합니다. 몸 상태, 감정기복, 가치관 변화가 뒤섞이며 시시각각 달라지죠. 세월 따라 음식 취향이 변하듯, 사람을 향한 호불호 또한 변하기 마련입니다.

그렇다면 좋아한다는 감정이 절정에 이르면 사랑으로 바뀔까요? 만약 그렇다고 한다면 사랑은 외로이 꼭대기에 서 있는 감정과 같아서 한없이 불안정하고 위태로운 상태라 할 수 있습니다.

이렇듯 사람들이 흔히 떠올리는 사랑이란 생각보다 모호한 개념입니다. 때로는 '변덕스러운 호불호'나 '흔들리는 감정'의 또 다른 이름표에 지나지 않죠.

우리는 '사랑'이라는 말을 수없이 쓰면서도 정작 그것을 정확히 정의하지는 못합니다. 그럼에도 사랑이란 '상대를 깊이 이해하려는 마음의 상태'라는, 막연하지만 강한 확신을 품곤 합니다.

그래서 스크린 너머에서만 본 유명 배우를 향해 진지하게 "나는 저 배우를 진심으로 사랑해"라고 말한다면, 주변 사람들에게 비웃음을 살지도 모릅니다. 일상에서 함께 시간을 보내고 대화를 나누며 교류하는 경험이 없다면, '사랑'이라는 말을 선뜻 꺼내기 어렵다고 여기기 때문입니다.

그 대상이 사람이 아니라 동물이나 자연일 때도 마찬가지입니다. 오랜 시간 가까이 지내지 않았다면, 우리는 그걸 사랑이라는 범주에 넣기조차 망설입니다. 충분히 알지도 못하면서 "사랑한다"라고 말하면 어쩐지 '오만하다'라고 생각하죠. 이는 지식의 깊이가 곧 관계의 깊이와 맞닿아 있기 때문입니다.

하지만 여기서 말하는 '지식'이란 단순히 책을 읽거나 자료를 찾아서 얻는 정보가 아닙니다. 스스로 관계를 맺고 친밀함을 나누는 체험을 차곡차곡 쌓아 올린 끝에 비로소 생기는 이해, 그 이해에서 비롯된 지식입니다. 사랑이라는 감정을 타인에게 객관적으로 설명하기 어려운 이유가 바로 여기에 있습니다. 숫자나 논리로 증명되지 않고, 오직 스스로 겪고 체험해야만 알 수 있으니까요.

'순도 높은 사랑'이란 무엇일까

앞서 말했듯이 사랑이라는 감정이 왜 생기는지를 분명하게 설명하기는 어렵습니다. 직관으로는 어렴풋이 안다고 생각하다가도 막상 '사랑이란 무엇인가?'라고 곱씹으면 금세 머릿속이 혼란스러워집니다. 아마도 사랑이라는 개념이 언어로는 담아내기 어려운 다양한 면을 품고 있기 때문입니다.

그렇다면 조금 다른 방식으로 접근하겠습니다. 일상 속에서 경험한 사랑과 연결된 행위를 하나씩 떠올려봅시다. 그렇게 정리하면, 막연하기만 했던 사랑이라는 영역이 조금씩 드러날지도 모릅니다.

가령 입맞춤은 사랑과 관련된 행위로 봅니다. 물론 강제로 이루어진 경우는 제외해야 하겠죠. 자주 웃거나 친밀함과 기쁨을 표현하는 태도 역시 사랑과 연결된 경험으로 간주됩니다. 이처럼 하나씩 나열하면, 뒷장에 나오는 표 항목들이 사랑과 맞닿았음을 나타냅니다.

뒷장의 표 위에서부터 아래까지 사랑의 '순도'가 낮은 것에서 높은 것 순으로 정리했습니다.

표에 나열한 여러 행위에는 분명 사랑이 깃들었습니다. 그러나 이렇게 반론하는 사람도 있겠죠.

"웃어 보이거나 친절한 행동이 규칙이나 의무에 따른 태도라면(간호나 요양, 경호, 고객 응대 같은 경우) 사랑이라고 말할 수 있나요?"

이 경우에도 사랑이 전혀 없다고 말할 수 없습니다. 대신 순도는 상대적으로 낮아지겠죠. 같은 행동이라도 명령이나 규칙 때문이라면 스스로 마음에서 우러난 행동이 아니니까요.

반대로 정해진 일을 하면서도 스스로 마음을 담아 행동한다면 어떨까요? 그때는 사랑의 순도가 높아집니다.

사랑으로 이어지는 행위의 순도

순도가 낮다	본다, 바라본다	관심/신경
	다가간다(곁에 머문다)	관심/관찰
	입술로 만진다(아기가 사물을 인지하는 방식)	인식
	웃어 보인다	수용/긍정
	자꾸 신경이 쓰인다	신경
	이름을 지어준다	긍정/소유
	부른다	소유
	손가락으로 만진다	소유
	움켜쥔다	소유
	쓰다듬는다	소유
	안아준다	일체화
	지켜준다	일체화
	자신과 같이 소중히 다룬다	일체화
	무언가를 준다(자신에게 고통이 생기더라도 상대에게 필요하다면)	일체화
순도가 높다	상대의 존재를 기뻐한다(비록 상대가 곁에 없더라도)	영원한 일체화

여기서 우리는 사랑이란 강제가 아닌 자신의 의지에서 비롯될 때 순도가 높아짐을 파악할 수 있습니다. 이런 차이는 다른 사람이 객관적으로 구별하거나 측정할 수 없습니다. 오직 당사자만이 느낄 수 있는 영역이니까요.

자, 여기서 의문이 하나 생깁니다.

"자기 의지에서 비롯된 행동일수록 사랑이 많이 담긴다면, 치한이나 스토킹, 강간 같은 행위도 사랑의 순도가 높은가?"

이런 행위는 누구로부터 강제당하지 않았으니 겉보기엔 자기 의지로 행한 행동처럼 보입니다. 하지만 실상은 강제된 행위입니다. '자기 의지'라는 표현은 착각일 뿐, 이면을 들여다보면 욕망, 망상, 충동, 왜곡된 사고처럼 내적 강제로 인해 움직인 결과니까요.

돈을 받고 성관계를 맺는 일도 다르지 않습니다. 금전을 얻어야 한다는 사회적 압박과 이를 바탕으로 한 노동 체계에서 이루어진 행위이므로 사랑과는 무관합니다.

○ **사랑은 존중과 배려로부터 나온다**

이슬람 경전 『코란』[1]에는 "여자는 너희의 밭이다"라는 구절이 있습니다. 이런 사고방식에 기대어 상대방 동의 없이 성적 행위를 강요하는 건 뒤틀린 생각이 낳은 거짓일 뿐입니다. 그 안에 티끌만큼의 사랑도 존재하지 않습니다.

결국 진정한 사랑은 바깥에서 강제하지 않았다는 사실만으로는 이루어지지 않습니다. 상대를 존중하고 배려하는 마음을 담아 스스로 행할 때, 비로소 우리는 진정한 사랑이라 부를 수 있습니다.

---

11 『코란』은 이슬람교의 예언자 무함마드가 약 23년에 걸쳐 받은 계시를 모은 책이다. 오늘날 전해지는 형태는 7세기 중반, 무함마드 사후 제자들에 의해 정리되었다.

본질은 받는 게 아니라
주는 데 있다

　도시의 복잡한 일상을 들여다보면, 사랑처럼 보이지만 실상은 다른 속셈을 감춘 행위가 의외로 많습니다. 겉으로는 따뜻한 웃음, 선행, 보살핌처럼 보여도 자세히 보면 계산이 앞서거나 체면치레에 불과한 경우입니다. 화려한 홍보 뒤에 숨은 모금도 마찬가지입니다. 그렇다면 우리는 어떻게 이런 겉모습 너머로 사랑을 알아봐야 할까요?
　어떤 기업이 거액을 기부했다는 사실을 언론이 대대적으로 보도한다고 합시다. 사람들 눈에는 훈훈한 이야기처럼 비칠지 모르지만, 그 속에는 홍보 효과, 세금 감면 같은 유리한 계산이 숨어 있습니다. 말하자면 기부라는 행위 뒤에 사랑이 아닌, 사업을 확장하기 위한 교묘한 전략인 셈이지요. 그럼에도 많은 이들은 이렇게 말합니다.

"어쨌든 기부했으니, 안 한 것보단 낫잖아?"

『성경』 속 예수는 이렇게 말하셨습니다.

> 너는 구제할 때에 오른손이 하는 것을 왼손이 모르게 하여 _「마태복음」 6장 3절

이 말은 행위에 다른 목적이나 의도를 얹지 말라는 뜻입니다. 다른 목적이나 의도가 개입하는 순간, 그 행위는 변질되니까요.

진실한 사랑에서 우러난 기부라면 굳이 남에게 알릴 필요가 없습니다. 그것이야말로 사랑을 온전히 지키는 방식입니다. 누군가에게 보여주는 순간, 기부는 더 이상 순수한 사랑이 아니게 됩니다.

○ **내면의 충만함만이 보상이다**

사랑은 언제나 추상적 개념이 아니라 구체적인 행위로 드러납니다. 앞에서 나열했던 사랑하면 나오는 여러 행위는 모두 내가 주체가 되어 능동적으로 실천하는 모습입니다.

철학자 짐멜이 "사랑은 사랑하는 사람에게만 존재한다"라고 말한 이유도, 아리스토텔레스가 "사랑의 본질은 사랑받는 데 있지 않고, 사랑하는 데 있다"라고 강조한 이유도 같은 맥락입니다.

아무리 "사랑해"라는 말을 수십 번 되뇌어도 행동이 뒤따르지 않는다면 그 말은 허공 속에 공허하게 울려 퍼지는 메아리일 뿐입니다.

예수는 또 이렇게 말하셨습니다.

> 너희가 만일 너희를 사랑하는 자를 사랑하면 칭찬 받을 것이 무엇이뇨. _「누가복음」 6장 32절

여기서 말하는 칭찬이란 돈이나 명예처럼 바깥에서 주어지지 않습니다. 우리가 진심을 다해 사랑을 내어줄 때, 마음 깊은 곳에서 차오르는 충만함, 그게 보상입니다. 이를 '자기만

족'이라고 부르기도 합니다. 자기밖에 모르는 이기적인 자기애와는 다르지만 충만해지는 감각을 얻는다는 점에서 보면 자기만족에 가깝습니다.

그렇다면 스스로를 돌보고 자신에게 필요한 무언가를 주는 일도 사랑이라는 형태가 아닐까요? 내면을 평화와 충만함으로 채우는 일, 그것이야말로 진정한 자기애이자 자신을 온전히 사랑하는 행위입니다.

사랑은 우리 일상 속 사소한 순간마다 존재합니다. 음식을 먹는 행위도 내 몸을 위한 사랑이고, 몸을 씻고 깨끗한 옷을 입는 행위도 사랑입니다. 무더위 속에서 잠시 그늘에 앉아 숨 고르는 순간도 사랑이죠. 내 몸을 안전하게 지키고자 하는 모든 행동이 곧 나를 사랑하는 방식입니다.

이처럼 자신을 사랑할 때 비로소 우리는 스스로를 온전히 알아갑니다. 먹고, 씻고, 쉬고, 돌보는 사소한 순간들이 모여 내 안의 신뢰와 존중을 단단히 세워주기 때문입니다.

자기혐오는
땅굴만 파게 할 뿐

  그런데 자기 자신을 사랑하지 못하면서 하루를 온전히 살아갈 수 있을까요? 자기애는 단순한 기분이나 취향에 따라 달라지지 않습니다. 생명을 떠받치는 본능이자 존재의 뿌리와 같은 힘입니다.

  자기애가 심하게 흔들리면 어떻게 될까요? 삶은 금세 무거워지고 우울이나 자살 충동으로 이어질 위험이 커집니다. 그렇다고 '어떻게 하면 나를 더 사랑할 수 있을까?'라며 고민할 필요는 없습니다. 평범하게 먹고, 자고, 쉬며 하루를 사는 그 자체로 우리는 이미 스스로를 충분히 사랑하고 있으니까요.

다만 살면서 어떤 어려움을 만났을 때, 자신을 과하게 몰아붙이거나 비난을 고스란히 떠안는 태도는 매우 위험합니다. 스스로를 돌아보고 태도를 고치려는 자세는 좋지만, 그 선을 넘어서면 결국 자기혐오로 빠져들기 때문입니다.

자기혐오에 빠져 오래도록 벗어나지 못하면, 다른 사람을 사랑하는 일은 불가능해지고 세상은 한없이 우울하고 어둡게 변해버립니다.

특히 자기혐오는 무의식적으로 세상의 기준을 끌어들이며 자신을 탓하는 순간 깊어집니다. 이는 탈출구 없는 손바닥 만한 고문실에 스스로를 가둔 듯한 고통을 안겨줍니다.

이를테면 '왜 나는 다른 사람들처럼 평범한 일을 하지 못할까?', '왜 나는 못생겼을까?', '왜 나만 불행할까?'와 같은 고민을 하며 끊임없이 스스로를 괴롭히는 식이죠.

왜 이러한 고통은 쉽게 사라지지 않을까요? 이유는 간단합니다. 거리마다, 화면마다, 매일같이 마주하는 사회가 끊임없이 우리를 비교하고 평가하기 때문이죠. 사회가 만든 가치관은 늘 우리를 경쟁 속에 몰아넣고, 점수를 매기게 만듭니다.

유튜브나 텔레비전 영상을 보면 무엇이 훌륭한지, 누가 아름다운지, 무엇이 가치 있는지를 쉴 새 없이 떠들어댑니다. 화면 속에는 특정한 외모와 조건을 갖춘 사람들이 등장하고 우리는 그들과 비교하며 '나는 저 기준에 한참 못 미치네'라는 생각을 저도 모르게 쌓아갑니다. 결국 스스로를 하찮게 여기고, 자기혐오라는 덫에 빠져들고 말죠.

건강한 자기애가 단단히 자리 잡으면, 굳이 남과 자신을 비교하지 않습니다. 그대로의 자신을 받아들이고 긍정합니다.

하지만 평소 사회라는 거대한 집단을 절대적인 기준으로 여겨왔다면 우리는 늘 불안감에 휩싸이고 맙니다. 한없이 자신이 초라하게 느껴지고, 누군가 "사회적으로는 이쪽이 맞아"라고 말하는 순간 마음이 흔들립니다.

그렇다면 어떻게 해야 이런 흔들림을 줄일까요? 방법은 의외로 단순합니다. 세상과 잠시 거리를 두는 겁니다. 책을 읽거나, 혼자 조용히 시간을 보내거나, 땀이 날 만큼 무언가에 몰두해봅니다. 이런 순간은 우리 내면을 단단하게 붙잡습니다.

○ **자기애와 자존심은 다르다**

자기애는 살아가기 위해 필요하지만, 흔히 말하는 자존심과는 전혀 다릅니다. 자기애가 비사회적이며 내향성이라면 자존심은 사회적이고 외향성입니다.

왜 자기애를 내향성이라 생각할까요? 오직 자기 안에서만 작용하기 때문입니다. 몸속 깊은 곳에서 우리를 지켜주는 백혈구처럼, 특별한 이유 없이 스스로를 사랑하고 소중히 여기는 힘이니까요. 계산도, 꾸밈도 없습니다. 다른 시선을 의식하지 않고 그저 자신을 돌보는 사랑이기에 경쟁이나 비교와는 무관합니다.

흔히 '프라이드(Pride)'라 불리는 자존심은 자기 자신에게 높은 가치를 두는 심리적 태도입니다. 얼핏 자기애와 비슷해 보이지만, 그 중심에는 사랑이 아니라 다른 이와 비교하며 비롯된 우월감이 자리합니다. 남보다 앞선다는 감각이기에 자존심은 늘 바깥을 향합니다. 혈통, 지위, 학력, 직함, 혼인 여부, 성씨처럼 외부 요소가 자존심이라는 기둥을 떠받치고 있습니다.

하지만 이 기둥은 쉽게 흔들립니다. 누구와 비교하는지에 따라 남을 꺾기도 하지만 반대로 스스로 무너지기도 하니까요. 겉으로는 강철 갑옷처럼 빛나지만, 실상은 작은 충격에도 금세 깨지는 유리 갑옷입니다.

그런 자존심에도 긍정적인 부분이 있습니다. 자기 삶을 돌아보며 스스로 자부심을 느낄 때 발휘됩니다. 이는 단순한 자기만족이 아니라 그동안 걸어온 태도와 선택에 확신을 주는 마음입니다.

이런 자존심은 자신이 걸어온 경험 속에서 생겨났기에, 다른 길을 걸어온 타인에게는 쉽게 전해지지 않습니다. 그래서 흔히 말하는 사회적 자존심과 달리, 훨씬 더 개인적이고 사적인 성격을 띱니다.

서서히 달라지고
깊어진다

앞에서 사랑을 표현하는 행위를 정리한 표를 떠올려 보기 바랍니다. 그 안에는 단순히 사랑 표현만 있지 않습니다. 개인적인 사랑에서 출발해 조금씩 나와 세계로 사랑이 확장되는 과정을 보여주는 일종의 변용(變容) 지도입니다. 여기서 말하는 '변용'이란, 사랑의 성질이 서서히 달라지고 깊어지는 과정을 뜻합니다.

먼저 유년기는 사랑이 사물을 향한 관심이나 인지로 나타납니다. 소년기와 청년기를 거치며 나타나는 사랑은 세상에 존재하는 만물을 기꺼이 받아들이고 긍정하려는 태도로 이어집니다. 때로는 소유하려는 욕망으로 기울기도 하지만, 결국 소유할 수 없음을 깨닫고 다시 흘러가도록 둡니다. 도달하는 그 끝이 바로 영원한 '일체화(一體化)'입니다.

그러나 모든 사람이 이 단계를 순서대로 거치지는 않습니다. 어떤 이는 삶에 아무런 변화가 일어나지 않기도 하죠. 나이가 들고 경험이 쌓여도 여전히 많은 사람은 '갖고 싶다'라는 소유욕에 매달립니다. 세상의 욕망은 끊임없이 우리에게 더 많이, 더 크게 소유하라고 부추기기 때문입니다.

특히 연애에서 이런 모습이 자주 나타납니다. 드라마나 영화 속에서 흔히 들을 수 있는 "네가 갖고 싶어", "네가 필요해" 같은 대사는 내면의 소유욕을 드러내는 대표적인 예입니다. 겉으로는 달콤한 사랑의 언어처럼 들리지만, 사실은 세상의 욕망을 사랑으로 포장한 말에 불과합니다.

그렇다면 어떻게 다음 단계로 넘어가야 할까요? 어느 순간 욕망을 내려놓거나 잠시 잊어야 하는 순간이 찾아올 때, 우리는 세계와의 일체화라는 새로운 차원을 체험하게 됩니다.

물론 소유욕을 완전히 끊어낸 사람만이 더 깊은 차원으로 나아갈 수 있다는 뜻은 아닙니다. 비록 소유하려는 마음이 남았더라도, 어느 순간 불현듯 사랑의 변용이 일어나기도 하니까요.

'관심', '염려', '관찰', '인식', '수용', '긍정', '소유', '일체화'는 사랑이 지닌 다양한 얼굴입니다. 그런데 이 모든 모습이 한꺼번에 드러나지는 않습니다. 평소에는 여러 요소가 뒤섞여 사랑이라는 감정 속에 묻어납니다. 하지만 어느 순간 소유욕이 지나치게 커지면 다른 요소들을 잠식해버립니다. 그렇다고 다른 요소가 완전히 사라지지는 않습니다. 결국 그 모두가 '사랑'이라는 큰 흐름 안에 함께 자리하니까요.

사랑이 드러나는 방식은 결코 똑같지 않습니다. 상황과 마음가짐, 몸 상태에 따라 어떤 면모는 더 뚜렷해지고, 또 어떤 면모는 희미해집니다. 결국 사랑은 인간이 지닌 다른 능력들처럼 사람마다 다르게 나타납니다. 또한 살아가면서 쌓는 경험이나 연습으로 조금씩 달라지고 변해갑니다. 사람마다 사랑의 빛깔이 다른 이유가 이 때문입니다.

○ **'사랑의 씨앗'에 물 주는 일**

우리는 종종 타고난 능력이 있다고 착각합니다. 누군가를 잠깐 보고 나서 "저 사람은 운동신경이 좋아"라거나 "머리가 원래 좋은 사람이야"라고 쉽게 단정하죠. 그 사람이 꾸준히 해온 연습, 노력, 기술을 익히는 과정 또는 어느 순간 크게 성장한 경험을 고려하지 못한 채 말입니다.

어떤 이는 재능이 애초에 정해진다고 믿고, 불행한 상황까지 유전자 탓으로 돌립니다. 사회가 만든 가치관에 휘둘릴 때 나타나는 전형적인 사고방식입니다. 그러다 보니 자기 자신에게도 그 잣대를 들이대며 부족한 현실을 합리화하려 합니다.

더 나아가 운명이나 사주, 전생에 책임을 떠넘기기도 합니다. 신문이나 인터넷에서 흔히 볼 수 있는 운세·점성 코너가 이런 태도를 더 부추긴 탓도 한몫합니다.

사람이라면 누구나 비슷한 '능력의 씨앗'을 갖고 태어납니다. 차이는 단 하나, 그 씨앗에 물을 주느냐, 방치하느냐일 뿐입니다. 사랑도 마찬가지입니다. 관심을 기울이며 물을 주느냐, 그렇지 않느냐에 따라 사랑하는 능력이 자라기도 하고 시들기도 합니다.

물 주기는 운동처럼 연습과 몰두가 필요합니다. 연습이 없으면 능력도 자라지 않습니다. 그렇다면 사랑을 키우는 물 주기란 무엇일까요? 바로 일상 속 태도와 작은 행동입니다.

하루하루 맞이하는 사소한 순간, 내가 살아가는 태도가 사랑을 키웁니다. 성장은 거대한 사건이 아니라 일상 속에서 이루어집니다.

거창하고 특별한 체험은 중요하지 않습니다. 하루하루를 어떤 시선으로 바라보고 어떤 태도로 보내는지에 따라 사랑은 자라기도 하고 시들기도 합니다.

예수가 진정으로 원했던 사랑이란

'사랑'이라는 말을 가장 자주 쓰는 종교는 아마 기독교일 겁니다. 그래서 흔히 기독교를 '사랑의 종교'라고도 부르죠. '이웃을 사랑하라'라는 구절은 기독교인이 아니어도 한 번쯤은 들어봤을 겁니다. 이는 『성경』의 「마태복음」에 기록된 말씀입니다.

네 이웃을 네 몸과 같이 사랑하라 하셨으니 _「마태복음」 22장 39절

오늘날 전 세계 기독교인은 약 23억 명에 이른다고 합니다.

그렇다면 그들 모두가 날마다 사랑을 실천하며 살고 있을까요? 현실을 돌아보면 오히려 기독교인답지 않은 모습이 눈에 띄곤 합니다. 그들 대부분은 성경을 교회 설교에서 인용되는 몇몇 구절로만 접합니다. 원수는 고사하고 이웃을 사랑하라는 가르침조차 삶 속에서 실천하는 경우는 드뭅니다.

물론 스스로 성경을 읽고 공부하는 신자들도 있습니다. 그러나 다수는 태어나면서부터 '나는 기독교인이다'라고 자처하며 살아갑니다. 그러다 큰 시련이 닥치거나 죽음의 문턱에 이르면, 그제야 기도에 매달리곤 합니다. 자신과 가족의 안위만을 최우선으로 하는 '자기애의 종교'라고 불리는 이유도 그 때문이겠죠. 이러한 모습은 이슬람교도나 불교도도 예외는 아닙니다.

○ **명령이지만 허울로 남은 것**

성직자가 아무리 강단에서 "원수를 사랑하라!"라고 외쳐도 기독교 국가들은 적을 죽이는 전쟁을 거듭해왔습니다. 어릴 때부터 "네 이웃을 사랑하라"라는 말을 귀에 못이 박히도록 들어도, 소송은 줄어들 기미가 없습니다. 그들이 그토록 강조한 사랑은 어디로 사라져버렸을까요?

예수는 두 차례나 이렇게 선언한 바 있습니다.

> 새 계명을 너희에게 주노니 서로 사랑하라. 내가 너희를 사랑한 것 같이 너희도 서로 사랑하라. _「요한복음」 13장 34절

이는 단순한 권유가 아닙니다. 명백한 명령입니다. 사랑하라는 말이 '계명'으로서 선포되었으니까요. 계명이란 약속이나 단순한 규칙이 아닙니다. 공동체를 묶는 가장 강력한 규정입니다. 이를 어기면 보통은 집단에서 배제됩니다.

그런데 현실은 어떤가요? 수많은 신자가 이 계명을 어기면서도 여전히 교회에 남아 있습니다. 기독교가 내세우는 사랑은 사실상 낡아빠진 간판, 허울뿐인 구호로 전락해버린 셈입니다.

왜 기독교의 핵심인 사랑이 허울뿐인 구호로만 남아버렸을까요? 답은 분명합니다. 예수가 전한 "사랑하라"라는 말씀이 흔하디흔한 윤리·도덕의 표어 수준으로 격하되었기 때문입니다.

법은 시대마다 공적 논의를 거쳐 제도화됩니다. 반면 윤리와 도덕은 특정 문화권과 그 주변에서 '인간이라면 마땅히 지켜야 할 행위'로 여겨집니다. 법률과 달리 문서로 성문화되어

있지도 않고 세부 규정이나 처벌 조항도 없습니다. 반드시 지켜야 할 의무는 아니라는 말이죠.

그런데 현실에서 사람들은 법보다 도덕을 더 따르려 합니다. 왜일까요? 공동체에서 배제되는 불이익이 두려우니까요. 우리는 사회에서 소외되는 삶을 견디기 힘들어합니다. 공공장소에서는 예의를 지키려 애쓰다가도, 막상 보는 눈이 사라지면 예의 없는 행동이 쉽게 드러나는 이유도 바로 그런 까닭입니다.

'이웃을 사랑하라'라는 말은 이렇게 세속적 윤리와 도덕의 간판 구호가 된 지 오래입니다. 간판은 그저 바람과 비에 흔들릴 뿐, 스스로 움직일 힘은 없습니다. 그래서 교회 안에서는 이웃 사랑을 말하다가도 교회 밖으로 나서는 순간, 자기만 생각하는 전혀 다른 사람이 되어버립니다.

이는 인간의 이중성을 보여주는 모습일까요? 어느 정도는 그렇습니다. 그러나 더욱 분명한 사실은 인간은 누구나 자기 행동을 강제로 규정받기를 싫어하고, 강제하는 존재를 불편하게 여긴다는 점입니다.

인간의 본성이 이기적이고 무례해서가 아닙니다. 오히려 솔직하다고 볼 수 있죠. 우리는 윤리나 도덕에 따른 행위가 사실은 겉치레라는 사실을 압니다. 그래서 '이웃을 사랑하라'라는 말을 아무리 들어도, 누군가에게 짓는 웃는 얼굴은 대개 진심이라기보다 형식에 가깝습니다.

이러한 심리적 움직임은 서구 사회, 근대화를 겉으로 흉내만 내던 나라에서 특히 두드러지는 특성입니다. 메이지 시대에 근대화를 위장했던 일본이 대표적이라 할 수 있죠.

일본은 왕정을 부정하고 개인이 자립하는 진정한 의미의 근대화를 이루지 못했습니다. 그래서 법이나 윤리, 도덕은 그저 치장된 장식품처럼 머무를 뿐, 사람들의 삶과 행동을 실질적으로 흔들지 못합니다. 대신 '사람들 눈에 어떻게 비칠까?'라는 의식이 실제로 사람들의 감정과 행동을 좌우합니다. 이러한 가치관이 법과 도덕 위에 군림하며, 언제 어디서나 가장 강력한 힘을 발휘해왔습니다.

○ **온몸으로 느낄 수 있어야 진심을 느낀다**

사랑을 지나치게 강조한 나머지 '사랑해야 한다'는 구호를 앞세울 때가 있습니다. 사랑이 윤리나 도덕 또는 인간의 의무와 같은 범주에 억지로 끼워 넣으면 어떻게 될까요? 오히려 사랑은 본래의 빛을 잃고 특유의 불쾌한 냄새를 풍길 겁니다.

왜냐하면 윤리, 도덕, 의무라는 이름은 구속이나 명령의 다른 이름이기 때문입니다. 그것은 우리의 내밀한 삶 속에 뻔뻔하게 파고들고 우리는 본능적으로 그 억압을 감지하며 불쾌감을 느낍니다. 누군가의 지시를 따라 이루어지는 사랑은 이미 진정한 사랑일 수가 없습니다. 하물며 사랑이 의무로 규정된다면 더 말할 나위도 없겠지요.

프랑스 철학자 앙드레 콩트 스퐁빌[12]은 『미덕이란 무엇인가』에서 이렇게 말했습니다.

> **의무란, 사랑이 있다면 강제하지 않아도 저절로 이루어질 일을 억지로 시키는 것이다.**

권위적이고 거짓된 체제에 맞서 목숨까지 걸었던 예수가 말한 사랑은 진정한 체험에서 우러났기에 울림 또한 진실했습니다. 그러나 조직이나 체제에 영혼을 팔아버린 사람들이 윤리나 의무 운운하며 큰 깨달음이라도 얻은 듯 떠들어댄다면 누가 귀를 기울일까요?

우리는 명령을 받으며 살아가는 존재가 아닙니다. 단순한 참견을 넘어서는 수준이라면 강한 반발을 일으킵니다. 하지만

---

12   앙드레 콩트 스퐁빌(1952~)은 프랑스 철학자로 주요 저서로는 『아무도 정확히 모르는 것에 관하여』, 『미덕이란 무엇인가』 등이 있다.

만일 어머니가 눈을 바라보며 조용한 목소리로 "많은 사람을 사랑하렴"이라고 속삭인다면 어떨까요? 우리는 순순히 고개를 끄덕일 겁니다. 평소 어머니가 우리를 사랑하고 있음을 온몸으로 느끼니까요. 설령 사랑의 뜻을 모르더라도 그 순간 우리는 이미 사랑을 온몸으로 이해합니다.

그렇습니다. 사랑이란 누군가 가르쳐서 이해하는 개념이 아닙니다. 학자가 아무리 개념을 파고들어 연구한들 결론에 닿지 못할 겁니다. 사랑은 어떤 말로도 온전히 설명할 수 없고 논리로도 이해할 수 없으니까요. 사랑은 오직 구체적인 행위 속에서, 각자가 몸과 마음으로 체험할 때에만 비로소 깨닫는 본질입니다.

몸과 마음으로 경험해야만 알 수 있는데, 윤리나 도덕으로 정리해서 법칙처럼 가르칠 수 없는 노릇입니다. 종교조차 불가능한 일이죠.

도덕적 의무를 철저하게 강조한 칸트[13]조차 『실천이성 비판』에서 이렇게 말했습니다.

사랑하라는 의무는 무의미하다.

---

13   칸트(1724~1804)는 독일 계몽주의를 대표하는 철학자로 주요 저서로는 『순수이성 비판』, 『실천이성 비판』등이 있다.

누군가 사랑을 의무로 명령한다면 그건 이미 사랑이 아닙니다. 의무에 따라 실행한다 해도 단지 연기에 지나지 않습니다. 사랑은 스스로 샘솟는 개념이지 강제한다고 만들어지지 않습니다.

불교에서 말하는 '깨달음'도 마찬가지입니다. 불교는 깨달음을 세세하게 설명하지 않습니다. 그저 수행할 뿐입니다. 깨달음은 이해가 아니라 경험이니까요. 깨달음을 얻었다고 특별한 지위를 얻거나, 남들보다 더 높은 사람이 되는 결과를 낳지도 않습니다. 진정한 경험이 있다면 누구나, 몇 번이고 깨달음을 얻을 수 있죠. 그러니 일부러 수행할 필요는 없습니다.

사랑도 마찬가지입니다. 수많은 삶의 경험 속에서 우연히 진정한 경험을 마주하고 그 순간 몸과 마음으로 알게 되는 그게 바로 사랑입니다.

부처가 살아 있는 건
행복하라고 말했던 이유

．
．
．

    고타마 싯다르타[14] 사후에 승려들과 신도들이 정리하고 연구한 학문적 불교에서는 '사랑'이라는 말이 자주 등장하지 않습니다.

    왜일까요? 애정은 애착으로 간주되어, 인간을 괴롭히는 수많은 집착 중 하나로 분류되었기 때문입니다. 불교도라면 집착을 멀리해야 한다는 가르침을 받으니, 사랑 또한 쉽게 입에

---

14   고타마 싯다르타는 기원전 5세기경 북인도에서 태어났으며 '부처', '석가모니'라고 불린다. 불교의 창시자로 알려져 있으나 그가 종교 단체를 만들라 명한 적은 없다.

올리기 어려웠을 테죠.

그러나 불교의 경전 『숫타니파타』에 전해지는 싯다르타의 가르침을 보면, 분명 사랑의 기운이 짙게 밴 인상적인 구절을 만나게 됩니다. 지금도 자주 인용되는 말입니다.

일체의 살아 있는 건 행복하라.

또는 '일체의 살아 있는 건 행복하라, 평온하라, 안락하라'라는 표현도 나옵니다. 여기서 말하는 '행복하라'의 대상은 인간에만 국한되지 않습니다. 모든 생명이 행복하기를 바란다는 뜻입니다. 어떤 이들은 이를 통상적 사랑과는 다르다고 말하며, 불교 특유의 자애(慈愛), 자비(慈悲)로 구분해야 한다고 주장합니다. 그러나 이름이 무엇이든지 본질은 사랑과 다르지 않습니다.

실제로 싯다르타는 "명칭에 얽매이지 말라"라는 취지의 말을 남겼습니다. 그러니 자애든 사랑이든 같은 뜻으로 받아들여도 무방할 겁니다. 오히려 눈에 띄는 특징은 부처의 사랑이 인간에게만 머무르지 않고 모든 살아 있는 존재로 끝없이 뻗어나간다는 점입니다. 싯다르타는 좌선 명상 속에서 깨달음을 얻을 때마다 모든 존재와 하나로 이어져 있음을 느꼈기 때문입니다.

그래서 사랑의 대상 또한 한없이 넓어질 수밖에 없었겠죠.

안타깝게도 싯다르타가 눈을 감은 뒤 교단 사람들은 더 이상 깨달음을 얻지 못했습니다. 그러자 그들은 깨달음을 지나치게 신비롭고 고귀한 무언가로 떠받들었습니다. 이 잘못된 인식은 오늘날까지 이어져 보통 사람은 좀처럼 깨달음을 얻기 힘들다고 여겨지곤 합니다.

하지만 이런 생각과는 무관하게 실제로 불교도가 아니더라도 누구나 깨달음을 경험할 수 있습니다. 다만 스스로는 '참 이상한 경험이었지' 하고 속으로 느낄 뿐, 그것을 깨달음이라 자각하지 못할 뿐입니다.

깨달음을 얻는 데 좌선이 필요하지도 않습니다. 사소한 일을 하다가도, 이를테면 조용한 길에서 자전거를 타다가, 여름날 산책길에 잠시 쉬다가, 불현듯 깨닫는 순간이 찾아옵니다. 마음이 맑아지고 자신을 풀어놓으며 아무 생각도 하지 않을 때 말이죠.

○ **깨달음도 경험이고 사랑도 경험이다**

수행이란 단지 마음을 맑고 고요한 상태로 이끌기 위한 하나의 수단일 뿐, 수행 자체가 깨달음을 보장하지는 않습니다.

왜냐하면 '깨달아야지!'라는 목적을 세우는 순간 수행은 곧 목표를 향한 도구로 변해버리기 때문입니다. 머릿속에 목적이 붙들려 있는 한, 마음이 비워진 고요한 상태에는 도달하기 어렵습니다. 마음이 비워졌다는 사실을 의식하는 순간, 이미 그 마음은 비워진 상태가 아니니까요.

요컨대 마음을 비우고 자신을 풀어놓을 줄 아는 사람이라면 종교와 상관없이 누구나 깨달음을 얻을 수 있다는 얘기입니다. 역사 속에도 그런 인물들을 어렵지 않게 찾을 수 있습니다. 시인 괴테[15]와 릴케[16], 종교 철학자 마르틴 부버(Martin Buber)[17], 사회심리학자 에리히 프롬까지, 그들의 삶을 들여다보면 여러 차례 깨달음의 순간을 맞이했음을 볼 수 있습니다.[18]

---

15 요한 볼프강 폰 괴테(1749~1832)는 독일의 시인이자 소설가, 극작가로 바이마르 공국에서 재상으로도 활동했다. 주요 저서로 『젊은 베르테르의 슬픔』, 『파우스트』, 『괴테 시집』 등이 있다.

16 라이너 마리아 릴케(1875~1926)는 프라하 출신의 오스트리아 시인으로 주요 저서로 『두이노의 비가』, 『젊은 시인에게 보내는 편지』 등이 있다.

17 마르틴 부버(1878~1965)는 오스트리아 태생의 유대계 종교철학자이다. 나치의 박해를 피해 이스라엘로 망명했다. 그의 사상은 '대화의 철학'을 특징으로 한다. 주요 저서로 『나와 너』, 『인간의 길』, 『신의 일식』 등이 있다.

18 그들은 진정한 경험을 통해 세계와 자아가 하나로 녹아드는 상태(깨달음)를 종종 체험했다. 그 흔적은 저작 속에 남아 있는데, 표현 방식은 각자의 개성만큼 서로 달랐다.

그렇다고 해서 깨달음을 경험한 사람이 특별히 위대해지거나 성스러운 인물로 변하지는 않습니다. 다만, 깨달음을 체험한 사람이라면 그렇지 않은 사람보다 사랑을 더 쉽게 포착할 줄 압니다. 그는 그 순간 세계의 모든 존재가 빛을 내며 살아 있음을 인식하기 때문입니다. 동시에 논리나 개념으로는 결코 파악할 수 없는 무언가를 알게 되고 그에게는 '이대로 충분하다'라는 충만감이 온몸 가득 차오릅니다. 마지막으로 그 감각의 한 조각이 바로 사랑임을 깨닫습니다.

아무리 공부하고 연구한들 이 사랑을 깨달을 수는 없습니다. 마치 땅바닥을 기어가면서 맑은 하늘을 보려는 격이죠. 하늘을 보려면 어떻게 해야 할까요? 애써 발버둥칠 필요는 없습니다. 그저 고개를 들어 올리면 됩니다.

깨달음도 경험이고, 사랑도 경험입니다. 말로는 다 담을 수 없는, 오직 몸과 마음으로만 온전히 마주할 수 있는 진정한 경험이죠.

철학자들의 사랑 수업 2

사랑하지 아니하는 자는 하나님을 알지 못하나니 이는 하나님은 사랑이심이라. _「요한일서」 4장 8절

신이 있다고 주장하는 사람과 없다고 단정하는 사람은 겉보기에 정반대지만, 실은 같은 자리에 서 있습니다. 두 사람 모두 '객관적 실재로서의 신'을 두고 말하기 때문입니다.

사도 요한[19]이 전하려 한 뜻은 전혀 다른 곳에 있습니다. 신은 인간을 닮은 초월적 존재가 아니라, 본래부터 사랑 자체가 '신'이라 불려 왔다는 사실입니다.

신의 본질은 사랑입니다. 그러므로 두 사람이 서로 사랑하는 그 순간, 신은 그들 사이에 분명히, 충만히 존재하고 있습니다.

마이스터 에크하르트[20]는 『신적 위로의 책』에서 이렇게 말했습니다.

---

19   사도 요한(~100경)은 예수의 제자 중 한 사람으로 『성경』에 실린 제4복음서의 저자이다.

20   마이스터 에크하르트(1260~1328년경)는 신성 로마 제국(현재의 독일) 출신 사상가로 파리 대학에서 교수를 지낸 뒤 신학자로 활동했으나 이단 선고를 받았다. 주요 저서로 『신적 위로의 책』, 『독일어 설교집』 등이 있다.

죄가 일어날 때는 신뢰와 사랑이 충분하지 않은 것이다.

우리는 흔히 먼저 나쁜 마음이 싹트고 이내 나쁜 생각으로 이어지며 마침내 죄를 짓게 된다고 생각합니다.

그렇다면 마음은 왜 나빠진 걸까요? 사랑이 충분하지 않았기 때문입니다. 자신과 타인을 진정으로 사랑할 수 있다면, 마음은 이미 충만합니다. 그렇다면 나쁜 생각이 비집고 들어올 자리는 애초에 없겠지요.

죄를 저지른 이에게 필요한 무언가는 제도적 교정이나 형식적인 훈계가 아닙니다. 곁에서 따뜻하게 사랑해줄 존재입니다. 그 차이는 프로그램대로 움직이는 로봇 고양이와 따뜻하게 숨 쉬는 진짜 고양이 사이의 간극만큼이나 뚜렷합니다.

단순한 연정은 인간을 어떤 방식으로든 눈멀게 하지만, 참된 사랑은 오히려 눈을 날카롭게 해준다.

프랭클[21]은 『죽음과 사랑 실존분석 입문』에서 사랑이 인간의 인식을 근본적으로 바꾼다고 말했습니다. 인식이 달라지면 경험의 결도 달라지기 마련입니다. 다른 사람에게는 지루하고 하찮아 보

---

21 빅터 프랭클(1905~1997)는 오스트리아 정신과 의사로 아우슈비츠 수용소 체험을 바탕으로 실존적 정신치료를 제창했다. 주요 저서로 『죽음의 수용소에서』, 『삶의 의미를 찾아서』 등이 있다.

이는 일조차 사랑할 줄 아는 이의 눈에는 매혹적이고 아름다운 빛을 띠지요.

전 세계 뛰어난 저자들은 이 사실을 서로 다른 언어로 표현해 왔습니다. 그들에게 사랑하는 능력이 있었기에 지금까지도 우리를 감동시키는 위대한 작품을 쓸 수 있었던 것입니다.

라 로슈푸코[22]는 『잠언과 성찰』에서 이런 말을 했습니다.

사람은 사랑하는 동안만 용서한다.

라 로슈푸코의 이 말에는 수많은 인간관계의 갈등을 오래 겪어낸 자만이 내놓을 수 있는 쓴맛이 배어 있습니다. 짧은 문장 속에 숨은 뜻은 분명합니다. 사랑이 없다면, 사람은 결코 용서하지 않는다는 점입니다.

사랑은 달콤한 장식이 아닙니다. 사랑은 사람을 움직이고 바꾸고 때로는 구원에까지 이르게 하는 힘입니다.

생텍쥐페리[23]는 『성채』에서 사랑을 이렇게 말했습니다.

---

22 프랑수아 드 라 로슈푸코(1613~1680)는 프랑스 귀족 출신의 도덕 문학가로 주요 저서로는 『잠언과 성찰』 등이 있다.

23 앙투안 드 생텍쥐페리(1900~1944)는 프랑스 백작 가문에서 태어난 비행사이자 세계적인 작가이다. 제2차 세계대전 중 지중해 상공에서 정찰 임무를 수행하다 실종되었다. 주요 저서로 『야간비행』, 『인간의 대지』, 『어린 왕자』 등이 있다.

사랑과 소유의 도취를 혼동해서는 안 된다. 그런 도취는 최악의 고통을 낳는다. 흔히 생각하는 것과는 달리, 사랑은 결코 사람을 괴롭히지 않는다. 사람을 괴롭히는 건 소유의 본능이며, 그건 사랑과는 정반대다.

사람이든 사물이든, 사랑하는 대상을 곧 '내 것'으로 여기는 경우가 많습니다. 그러나 그것은 사랑이 아니라 소유욕, 집착하는 수집가의 태도일 뿐입니다. 입으로는 사랑을 말하지만 정작 사랑과는 아무 상관없는 행동이죠.

3장

타자와 관계 맺고 세계와 연결되어야 하는 이유

왜 지금 사랑이 필요할까

진정한 경험으로
진짜 나를 되찾는다

⋮

　많은 사람들이 경험을 가볍게 여기거나 잘못 이해하곤 합니다. 과거에 무언가를 해봤으면 그것을 진짜로 경험했다고 생각합니다.

"거기 가봤어."
"한 번 해본 경험이 있어."
"누구와 사귀어 봤어."

　이 정도만 되어도 우리는 '경험했다'라고 생각합니다. 심지어 한 번 해봤다는 이유만으로 그 일을 웬만큼 안다고 착각합니다. 심지어 통달했다고 믿습니다. 하지만 제가 말하려는 경험은 세상에서 흔히 말하는 그런 경험과 믿음을 의미하지 않습니다.

철학자 마르틴 부버는 『나와 너』에서 '경험'을 이렇게 말했습니다.

> 경험이란 세상과 나 사이에서 일어나는 것이 아니다. 경험이란 인간 내면에서 일어나는 변화다.

짧은 문장이지만, 여기에 본질이 담겼습니다. 누군가는 단번에 고개를 끄덕일 테고, 누군가는 "무슨 뜻이지?"라며 고개를 갸웃하겠죠.

생각해봅시다. 우리는 학교 교육을 경험했을까요? 낚시를 경험했을까요? 당구를 경험했을까요? 장문의 편지를 보낸 일을 경험했을까요? 우리가 경험한 일은 학교 교육도, 낚시도, 당구도, 첫사랑도, 편지 발송도 아닙니다.

우리가 진정으로 한 경험은 제도나 놀이를 할 때, 인간관계를 맺을 때마다 내면에서 일어난 '변화'입니다.

당신이 해안가 공원에서 누군가와 데이트했다고 가정해봅

시다. 데이트 내내 '다음에는 어떻게 행동해야 하지? 뭐라고 말해야 효과적일까?'라고 고민했다면, 이는 단지 '데이트 매뉴얼'을 실행한 것에 지나지 않습니다. 상대를 조종하려는 얄팍한 계산일 뿐이죠. 진정한 연애도 데이트도 아닙니다. 자신의 내면, 즉 마음이 움직이지 않았으니까요.

마음이 움직인 연애라면 내 안에서 변화가 일어납니다. 그렇게 달라진 내면으로 세상을 보면 모든 게 새롭게 다가옵니다. 바로 그 순간, 평범한 일상이 특별한 의미를 지닌 경험으로 바뀝니다.

우리는 흔히 자신이 '어떤 대상을 경험한다'라고 생각합니다. 그러나 실제로 경험하는 주체는 대상이 아니라, '대상에 반응하는 자신'입니다. 어떤 장면을 보고 마음이 떨리고 감정이 흔들리는지 나 자신을 경험하는 겁니다.

'기억'이 뭐라고 생각하나요? 기억은 컴퓨터에 저장된 기록처럼 단순한 정보가 아닙니다. 그 중심에는 컴퓨터가 재현하지 못하는 생생한 촉감, 냄새, 목소리, 소리, 빛, 맛 그리고 인상적인 순간에 떨린 감정이 살아 있습니다. 그렇기에 기억은 단순한 정보가 아니라 살아 있는 경험의 기록입니다.

이런 경험은 구인 광고에서 말하는 '경험자 우대'와는 전혀 다른 차원입니다. 말로 온전히 옮기기 어려운, 본질적인 무엇입니다.

결국 지금의 우리를 만든 주체는 제도도 혈통도 환경도 아닙니다. 마음속에 차곡차곡 쌓여온 깊은 경험들이죠.

○ **숫자로 환산되지 않는 유일한 가치를 좇는 일**

그렇다면 어떤 경험들이 지금의 나를 만들까요? 그동안 성심껏 마주하고 온몸으로 임했던 순간들입니다.

책 읽는 태도를 예로 들어보겠습니다. 학교에서 고전 소설 시험을 본다고 해봅시다. 어떤 학생은 학원에서 선생님의 지도를 받아 시험을 준비합니다. 또 다른 학생은 일주일 동안 혼자 책을 처음부터 끝까지 읽어 내려갑니다. 누군가는 요약본이나 인터넷 기사를 보고 핵심만 외우고, 또 다른 사람은 십여 분 만에 속독으로 대충 훑어보겠죠.

시험에서는 정해진 답을 맞힌 학생이 높은 점수를 받습니다. 그러니 요약본을 본 학생이나 학원에서 공부한 학생이 좋은 성적을 거둘 겁니다.

이런 경험이 모두 '진짜 경험'일까요? 아닙니다. 오직 일주일에 걸쳐 책을 처음부터 끝까지 읽은 학생만이 진정으로 그 책을 경험했다고 할 수 있습니다. 그는 소설 속에서 웃고 울며 감동하며 머리뿐만 아니라 마음과 몸으로 이야기를 받아들였으니까요. 이렇게 내면에 새겨진 체험이 쌓여 그 인간성을 빚어갑니다.

다른 학생들은 단지 시험을 치르기 위해 기술적으로 대응했을 뿐입니다. 좋은 성적을 얻을 수는 있겠지만 이 경험은 시간이 지나면 기억조차 희미해집니다.

이 사실은 우리의 일상에도 똑같이 적용됩니다. 대충 흘려보낸 하루는 흔적조차 남지 않지만, 온몸으로 성실히 임한 순간은 내면에 깊이 새겨져 우리를 빚어갑니다.

아이들이 노는 모습을 떠올려보세요. 아이들은 시간을 때우기 위해 놀지 않습니다. 어떤 놀이든 진심을 다해 몰두합니다. 그 경험들이 모여 아이를 성장시키는 든든한 토대가 됩니다.

강아지와 고양이도 마찬가지입니다. 사소한 일도 대충하는 법이 없습니다. 작은 벌레 하나에도 온몸으로 반응하며 살아갑니다. 그들의 삶 전체가 곧 경험인 셈입니다. 오직 세상살이에 익숙해진 어른들만이, 하루하루가 자신을 새롭게 빚어내는 경험의 연속임을 잊어버리곤 합니다.

도대체 무엇이 경험을 이루는 조건일까요? 바로, 진지한 태도와 온몸을 다해 몰입하는 자세입니다. 둘 중 하나라도 빠지면 온전한 경험을 하지 못합니다.

장인이야말로 대표적인 예입니다. 장인 정신은 오랜 세월 쌓인 경험에서 비롯된 결과입니다. 나이나 자격증, 혈통이나 명예에서 온 게 아닙니다.

하지만 세상은 종종 겉모습만 좇습니다. 비즈니스 세계에서는 기술만 뽑아 숫자로 환산하고, 어디서든 손쉽게 적용한다고 생각합니다. 고성능 컴퓨터에 감성적인 단어 몇 개 입력한다고 살아 숨 쉬는 이야기가 출력되지 않습니다.

경험은 늘 단 한 번뿐이고 자신만이 누리는 유일한 체험입니다. 몸과 마음, 개성이 함께 빚어내는 과정입니다. 그래서 같은 일을 해도 사람마다 전혀 다른 경험을 쌓습니다. 어떤 사람에게는 깊은 울림으로 남지만, 다른 사람에게는 그저 스쳐 지나가는 일로 끝나고 마는 이유입니다.

해치워야 하는 하루가 아닌, 몰입하는 하루를 위해

그렇다면 진정한 경험을 만들어내는 태도와 정반대에 서 있는 태도는 무엇일까요? 조롱, 회피, 무시, 방관, 형식적인 태도, 겉치레식 대응…. 이런 태도들은 어떤 일도 공허하게 만들고, 끝내 허무라는 구멍 속으로 우리를 떨어뜨립니다. 만약 이런 태도를 연애에 끌고 들어온다면 관계는 금세 삐걱거리고 어색해지고 말 겁니다.

사랑이란 본디 거짓 없고 진실한 경험 위에서만 성립합니다. 육체관계가 뒤따른다 해도 예외는 아닙니다. 그 관계에 진정한 경험에서 벗어나는 태도가 하나라도 스며든다면, 사랑은 이내 희미해지고 관계는 변질될 수밖에 없습니다. 육체관계만 이뤄진다면 순간적 쾌락에 시간제한을 덧씌운 거래일 뿐, 진실한 경험과는 처음부터 무관합니다. 따라서 그 안에는 사랑도, 연애도 존재할 수 없습니다.

반대로 일상에서 진실한 경험을 많이 쌓을수록, 우리 삶은 충만해집니다. 매일을 그저 '해치워야 할 일'로 허둥대는 삶보다 경험으로 꽉 채운 하루가 삶에 의미를 더하기 때문입니다. 사람들이 흔히 말하는 '의미', '보람'도 따지고 보면 결국 자신이 진정한 경험을 만나는 순간을 뜻합니다.

은퇴 후 취미나 바깥 활동 속에서 보람을 찾는 사람들이 많습니다. 하지만 활동 자체가 곧 의미 있는 일이 되진 않습니다. 그 속에서 진심으로 몰입하고 진실한 경험을 할 때 비로소 보람이 생겨납니다.

중요한 사실은 태도입니다. 어떤 태도로 임하는지에 따라 그 일이 진실한 경험으로 자리 잡기도 하고, 공허하게 사라지기도 합니다. 그러니 사회와 떨어져 홀로 살아간다 해도 진실한 경험을 얼마든지 쌓을 수 있습니다. 오히려 고요한 환경 속에서는 온전히 몰입할 기회가 많아지므로, 삶이 더 깊고 진한 경험으로 채워집니다.

○ **진실한 경험을 위한 세 가지 몰입의 태도**

지금보다 거짓 없고 진실한 경험을 하려면 어떻게 해야 할까요? 태도를 바꾸면 됩니다. 이것이야말로 가장 빠르고 확실한 길입니다. 그 변화의 핵심은 단 하나, 바로 '거짓을 섞지 않는 태도'입니다.

구체적으로 말하면, 다음 세 가지로 나눌 수 있습니다.

① 자기답게 살아가기
② 꾸미거나 연기하지 않기
③ 현실을 있는 그대로 받아들이기

하나씩 살펴보겠습니다.

① **자기답게 살아가기**

자기답게 산다는 뜻은 늘 있는 그대로의 나로 머무르는 상태를 말합니다.

겉으로는 쉬워 보이지만, 실제로는 이런 사람이 드뭅니다. 대부분은 진짜 얼굴을 드러내기보다, 스스로 만든 '자기다움'이라는 이미지를 남에게 보여주려 하니까요.

여러분은 무언가를 말할 때, 마음속 생각이나 감정을 솔직히 드러내나요? 사실은 그렇지 않은 때가 많습니다. 취향이나 행동조차 상황에 따라 달라지는 일이 흔합니다. 사회적 예의나 업무상 관계 때문일 수도 있지만, 이 또한 정직하다고 보긴 어렵습니다. 상대의 기분을 살피거나 분위기를 맞추려는 태도 역시 결국은 자기 자신에게 솔직하지 못한 모습일 뿐입니다.

그렇다고 모든 상황에서 자기 취향이나 욕구만 앞세운다고 자기다운 모습은 아닙니다. 오히려 아집이나 욕심에 가깝겠죠. 자기다움이란 무엇에도 얽매이지 않고, 흔들림 없는 평정심 속에서 본래의 나로 머무르는 상태를 말합니다.

자신답게 살아가는 일은 작은 습관 하나만 바꿔도 충분히 시작할 수 있습니다. 지금 내 마음 상태가 어떤지 가만히 살펴보는 노력만으로도 자신답게 사는 길이 열리기 시작합니다.

가만히 마음을 들여다보세요. 초조함, 차분함, 분노, 느긋함 어떤 상태인가요? 그저 지금 내 마음을 알아차리는 일만으로도 충분합니다. 마음이 한결 편안해집니다.

다음으로 좋고 싫음은 쉽게 내세우지 않는 태도가 중요합니다. 좋고 싫음은 기분, 건강, 날씨처럼 사소한 조건에도 쉽게 흔들리기 마련입니다. 그러니 순간적인 감정을 내 본모습인 양 착각하지 않아야 합니다.

일희일비하지 않는 태도도 필요합니다. 연애 드라마 속 인물들처럼 소리치고 격렬하게 반응한다고 해서 문제가 풀리진 않습니다. 오히려 감정에 휘둘리지 않고 차분히 해결책을 찾는 편이 훨씬 지혜롭습니다.

마지막으로 모든 일에 성급하게 판단하지 않는 습관도 중요합니다. 눈에 보이는 대로 떠오르는 대로 일일이 판단하지 마세요. 성급하고 경솔한 판단은 상황을 더 시끄럽고 복잡하게 만들 뿐입니다. 다른 사람이 하는 말과 행동을 일일이 평가하며 마음에 쌓아두지 않는다면, 우리는 세상에 휘둘리지 않고 꾸밈없는 진짜 나로 바로 설 수 있습니다.

② 꾸미거나 연기하지 않기

비즈니스 세계에서는 꾸며내거나 연기하며 상대를 착각하게 만들어 거래를 성사시키는 경우가 비일비재합니다. 하지만 혼자 있을 때조차 스스로에게 거짓말하며 연기를 이어간다면 어떻게 될까요? 결국 자기 자신을 잃고 말겠죠.

"지금은 이 정도지만, 실은 더 잘할 수 있어."
"나는 아직 전력을 다하지 않았을 뿐이야."

이렇게 스스로를 속이는 태도도 일종의 허세입니다. 흔히 허세는 남에게만 부린다고 생각하지만, 사실은 자기 자신에게도 똑같이 허세를 부릴 수 있습니다. 이런 태도는 자신을 지치게 만들고 끝내는 공허함만 남깁니다.

허세란 지금 자기 상태를 부정하는 행위에 지나지 않습니다. 그 끝은 자신에게 상처를 입히는 길로 이어집니다. 부득이하게 허세를 부려야 할 상황이 온다면, 억지로 버티며 꾸미기보다 차라리 그 자리를 벗어나는 편이 낫습니다. 그렇지 않으면 마음 깊은 곳에 고통이 생기며 사라지지 않고 오래도록 눌러앉게 될 겁니다.

③ 현실을 있는 그대로 받아들이기

거짓된 태도 가운데 가장 흔하면서도 정작 내가 잘 알아차리지 못하는 태도가 있습니다. 바로 '걱정'입니다.

우리는 무언가 또는 누군가를 '걱정한다'는 말을 자주 합니다. 하지만 걱정은 현실과 아무 관련 없고, 마음속에서 멋대로 그려낸 상상에 불과합니다. 어쩌면 '망상'이라고 부르는 편이 더 솔직할지 모릅니다.

"내 걱정이 맞아떨어졌다"라고 말할 때도 있겠죠. 설령 걱정이 현실이 되었다 한들 문제가 해결되진 않습니다. 걱정 속에서 허우적거리며 시간만 흘러갔을 뿐입니다. 이를 깨닫지 못하면 평소에 자신을 둘러싼 모든 일에 불필요한 걱정을 덧씌우는 습관이 굳어지고 맙니다.

우리 주변에는 이런 습관에 갇힌 사람이 예상외로 많습니다. 걱정이란 책임을 피하기 위한 도피일 뿐 현실을 바꿀 힘은 없습니다. 아무리 피하려 해도 현실은 제자리에 남습니다.

걱정을 반복하는 대신, 눈앞에 현실을 그대로 바라봐야 합니다. 현실을 직시할 때 비로소 무엇을 해야 할지 보이고 문제를 해결할 힘도 생깁니다.

이 세 가지 태도를 실천하며 삶에서 진실한 경험을 쌓아가는 사람은 세상의 눈으로는 '능숙하지 못한 사람'처럼 보일지도 모릅니다. 그러한 사람은 인간관계에서 이익을 따지며 처신하기보다 언제나 솔직히 말하고 묵묵히 자기 일에 몰두하기 때문입니다. 그러나 그는 실제로는 누구보다 풍요롭고 충실한 삶을 사는 사람입니다.

삶의 본질을 경험한다

진실한 경험이 왜 중요할까요? 사랑은 그러한 경험을 해야만 생기기 때문입니다.

진실한 경험을 못 했다고 해서, '내 사랑은 그저 세속적 욕망일 뿐이구나!' 하고 낙담할 필요는 없습니다. 누구나 자기 삶 속에서 나름의 경험을 할 테니까요. 다만 스스로 알아차리지 못했을 뿐입니다.

물론 이런 경험이 매일 일어나지는 않습니다. 대개는 뜻밖의 순간에 불쑥 다가옵니다. 가까운 사람의 죽음, 갑작스러운 사고, 깊은 슬픔이나 실패, 병과 외로움 또는 상실처럼 삶을 뒤흔드는 사건과 함께 찾아오기도 합니다. 때로는 아무 목적 없이 흘려보내는 시간에, 자연에 온전히 몰입한 순간에, 이해관계 없이 나누는 신뢰 속에서 불현듯 다가오기도 합니다.

그래서 사람들은 흔히 진실한 경험이 불행이나 시련으로부터 오는 줄 착각합니다. 하지만 사실은 다릅니다. 인생의 매 순간이 진실한 경험을 할 기회입니다. 우리가 그 기회를 알아채지 못한 채 흘려보낼 뿐이죠.

왜 그럴까요? 치밀하게 연기하고, 사회 기준에 맞게 처신하고, 체면과 인정 욕구에 매달리는 삶에 너무도 익숙해졌기 때문입니다.

자본주의 사회에서 생계를 이어가려면 부득이한 면도 있겠지요. 문제는 본래의 자신이 아닌 '사회적 역할'이라는 두꺼운 갑옷을 걸친 채 살아가다 보니 진정한 경험에서 점점 멀어진다는 점입니다. 그러다 큰 위기나 고난을 맞닥뜨려야만 비로소 자신으로 돌아와 경험이 깃드는 순간을 만납니다.

하지만 위기가 지나고 나면, 언제 그랬냐는 듯 다시 갑옷을 걸치던 일상으로 돌아갑니다. 그렇게 진짜 자신은 또다시 밀려납니다.

○ **진짜 삶을 향한 마음을 어떻게 찾을까**

평소에는 본모습을 감추고, 진정한 경험을 하지 않은 채 살아야만 사회인으로서 생활이 유지되는 상황이라면, 그것만큼 불행한 삶도 없겠죠. 이런 삶을 '진짜 삶'이라 부를 수 있을까요? 때로는 허구가 더 진짜에 가까워 보이기도 합니다. 허구 속 인물들은 늘 절박한 상황과 마주하고, 그 순간을 피하지 않은 채 온몸으로 받아들이니까요. 이를테면 소설 속에서 부모가 병에 걸려 돌봄이 필요한 상황이 닥치면, 인물들은 직접 해결하려고 나서며 그런 과정에서 이전에는 알지 못했던 중요한 깨달음을 얻습니다.

하지만 도시에 사는 현대인은 어떤가요? 대개 돈으로 돌봄을 대신하려 합니다. 그런 행동이 똑똑하고 효율이 높은 선택 같지만, 사실은 진실한 경험을 할 기회를 스스로 내던지는 셈입니다. 그렇게 놓친 기회는 다시는 돌아오지 않습니다.

왜 소설이나 영화가 우리 마음을 사로잡을까요? 인물들이 온갖 위기와 고난에 맞서면서 진실한 경험을 하기 때문입니다. 만약 그들이 무책임하고 불성실하게 굴었다면 작품이 재미있을까요? 아마 독자와 관객은 금세 흥미를 잃고 외면했을 테죠. 허구가 흥미진진한 까닭은 그 속에 진실한 경험이 녹아 있기 때문입니다.

그렇다고 꼭 극적인 사건에서만 진실한 경험을 한다는 뜻은 아닙니다. 아무 일 없는 듯 흘러가는 일상에서도 우리는 언제든 그런 순간을 만날 수 있습니다. 중요한 사실은 그 순간을 알아차리고 기꺼이 받아들일 마음이 있느냐 하는 점입니다.

○ **삶의 본질을 알려주는 두 선승의 이야기**

8~9세기 중국에서 살았던 두 선승의 일화는, 평범한 일상 속에서도 얼마든지 진실한 경험이 가능하다는 사실을 보여줍니다.

> 여름이 끝나갈 무렵, 위산령유(山祐) 스님에게 옛 제자 어산(仰山)이 오랜만에 찾아와 인사를 드렸습니다. 스님이 이번 여름을 어떻게 보냈냐고 묻자, 어산이 말했습니다.
> "땅을 갈아 밭을 일구고 씨를 뿌렸습니다."
> 스님은 고개를 끄덕이며 말했습니다.
> "이번 여름을 헛되이 보내지 않았구나."
> 이에 어산이 되물었습니다.
> "스님께서는 어떻게 지내셨습니까?"

스님은 담담히 말했습니다.

"낮에는 밥을 먹고, 밤에는 잠을 잤다."

그 말을 들은 어산이 웃으며 말했습니다.

"스님께서도 이번 여름을 헛되이 보내지 않으셨군요."

언뜻 소박한 안부 인사처럼 들리지만, 사실 두 사람은 서로 진실한 경험을 고백했습니다.

어산에게 밭을 갈고 씨를 뿌린 일은 단순한 노동이 아니었습니다. 온몸과 마음을 다해 임했기에 마음 깊이 새겨진 특별한 경험이었습니다. 그래서 그 경험은 그를 압도할 만큼 큰 울림으로 다가왔습니다.

위산 스님은 또 어떻습니까. 나이와 병약함 속에서도 밥을 먹고 잠을 자는 일은 그저 반복되는 일상이 아니었습니다. 바로 삶의 본질을 온전히 마주한, 더없이 깊은 경험이었죠.

이번에는 좀 더 가까운 예를 들겠습니다. 놀이터에서 모래놀이하고 돌아온 아이에게 "오늘 뭐 했니?"라고 물어봤다고 합시다. 그러면 아이는 환한 얼굴로 대답할 겁니다.

"산을 만들고, 터널도 팠어요!"

아이에게 모래산을 쌓고 그 안에 터널을 뚫는 일은 단순한 놀이가 아닙니다. 온 마음을 다해 몰두한 거대한 과제입니다. 어른이 훨씬 짧은 시간에 비슷한 모래산을 만든다 해도, 아이 눈에는 결코 같아 보이지 않습니다. 아이가 만든 모래산에는 정성과 창조 그리고 마음이 고스란히 담겨 있기 때문입니다. 모래산은 그 아이에게 세상 무엇보다 소중한 작품이 됩니다.

만약 누군가 발로 그 모래산을 무너뜨린다면, 아이는 하늘이 무너진 듯 큰 충격을 받을 겁니다. 모래산은 단순한 흙더미가 아니라 자기 자신을 빚어낸 흔적이었으니까요. 아이는 모래를 쌓는 과정에서 자신을 형성하는 진실한 경험을 이뤘기 때문입니다.

아이는 모든 행위를 진실한 경험으로 만듭니다. 하지만 아이가 점점 성장하면서 이런 경험을 이어가지 못하는 경우가 많습니다. 그 갈림길을 만드는 건 다름 아닌 '분별'입니다.

불안한 세상을
넓은 시야로 바라보게 한다

'분별'이란 무엇일까요? 우리는 흔히 "분별 있게 행동하라"는 말을 씁니다. 여기서 분별이란, 사물을 구분하고 이해하며, 자신과 타인을 나누고, 사회가 정해놓은 통념과 규칙에 맞춰 살아가는 태도를 뜻합니다.

다시 말해 사회에 잘 적응하는 인간으로 산다는 의미이기도 합니다. 하지만 동시에 세상의 절반을 잃는 일이기도 합니다. 왜냐하면 분별과 논리만으로는 결코 닿을 수 없는 차원의 세계가 존재하기 때문입니다. 분별에만 매달리면 우리는 그 나머지를 아예 모른 채 살아가게 됩니다.

분별에만 익숙한 사람이 시 한 편을 읽는다고 상상해보세요. 그는 시가 가슴 깊이 스며드는 경험을 하지 못합니다. 대신 "화려한 단어들이 늘어서 있군. 뜻은 애매하고 그저 추상적인 인상만 남네" 하며 겉껍질만 스쳐 지나갈 뿐입니다. 그에게 시는 사물이나 수치처럼 문서에 옮길 수 있는 요소로만 머물 뿐, 그 너머의 세계가 아닙니다.

사랑도 다르지 않습니다. 분별에만 익숙한 사람에게 사랑은 단지 성적 충동이거나 문화적 장치일 뿐입니다. 그래서 사랑할 대상도 사회가 정한 조건을 갖추어야 하죠. 귀엽거나 아름답거나, 젊거나 매력이 있거나, 재산이 넉넉하거나 능력이 있어야만 사랑할 수 있다고 믿습니다.

그에게 사랑이란 소유이거나 성적 행위에 불과할 뿐입니다. 신체적 접촉이 없으면 사랑도 성립하지 않는다고 여깁니다. 이런 태도가 낳은 윤리는 '법에 어긋나지만 않으면 괜찮다'라는 수준에서 멈추고, 그 너머로는 한 발짝도 앞으로 못 나갑니다.

그러나 그런 사람도 불행이나 고통 앞에 서면 진실한 경험을 할 기회를 맞이합니다. 그 순간 어떤 태도로 임하느냐에 따라 경험은 깊은 성찰로 승화되기도 하고, 반대로 허무 속에 무너지기도 합니다.

만약 그 기회를 놓친다면, 그는 끝내 사랑을 성적 충동과 단순한 행위로만 이해하려 들고, 마음 깊은 곳에서 중요한 무언가를 발견하는 일에서 더욱 멀어지고 맙니다.

철학자 루트비히 비트겐슈타인(Ludwig Wittgenstein)[24]은 『논리철학 논고』의 마지막 문장에서 이렇게 적었습니다.

말할 수 없는 것에 대해서는 침묵해야 한다.

여기서 '말할 수 없는 것'이란 무엇일까요? 바로, 말이나 숫자로는 담아낼 수 없고, 과학으로 분석할 수도 없는 세계입니다. 오직 한 사람의 감성으로만 느끼고 이해하는 차원을 뜻합니다. 아름다움, 선함, 사랑, 마음 같은 것들이 여기에 속합니다. 이것들이 진정한 경험을 살아가는 이의 삶 속에서 언제나 중심에 머물게 됩니다.

진실한 경험을 하고 나면, 마치 키가 훌쩍 자란 듯 시야가 넓어집니다. 그 순간 세계는 이전과는 전혀 다른 크기로 다가옵니다.

---

24   루트비히 비트겐슈타인(1889~1951)은 오스트리아 철학자로 영국 케임브리지 대학에서 언어철학을 가르쳤다. 주요 저서로 『철학적 탐구』, 『확실성에 관하여』 등이 있다.

○ 진실한 경험으로 나를 넓혀간다

'세계가 넓어진다'라는 말은 무슨 뜻일까요? 단순히 눈에 보이는 겉모습을 더 많이 본다는 뜻이 아닙니다. 사물과 존재의 내면에 감춰진 의미와 가치를 새롭게 알아본다는 뜻이죠. 그러다 보면 예전에는 하찮게 여겼던 일, 무가치하다며 스쳐 지나갔던 일, 심지어 외면했던 대상에게서도 새로운 가치를 발견하게 됩니다. 그만큼 삶의 기쁨은 더 커집니다.

세상 곳곳에 숨은 가치들을 하나씩 알아차리며 기쁨을 맛볼 때, 우리는 자연스레 세계를 더 사랑하게 됩니다. 그렇게 사랑하는 범위가 조금씩 넓어집니다.

이 변화는 곧 자신의 '환경 세계'가 확장되는 경험입니다. 다소 낯설게 들릴 수 있지만, 독일어로 '환경 세계(Umwelt)'라는 개념은 생물학자 야콥 폰 윅스퀼(Jakob von Uexkull)[25]이 처음 사용했습니다. 지금은 생물학의 고전 개념으로 자리 잡았습니다.

우리는 흔히 새나 벌, 물고기 같은 생물들도 우리와 똑같은 세계를 보고 똑같이 경험한다고 생각합니다. 마치 모든 생물

---

25 야콥 폰 윅스퀼(1864~1944)은 현대 생태학의 창안자로 불리는 에스토니아 출신의 독일 생물학자이다. 『동물들의 세계와 인간의 세계』에서 '환경 세계'라는 새로운 개념을 제시했다.

이 하나의 객관적인 세계를 공유한다고 믿죠. 하지만 실상은 다릅니다.

생물들은 자신이 감각하고 인식할 수 있는 범위 안에서만 세상을 살아갑니다. 그 범위가 곧 그 생물에게 주어진 환경 세계인 셈이죠.

진드기를 떠올려보세요. 진드기에게는 눈이 없습니다. 대신 온몸으로 빛을 감지하고, 포유류가 다가오면 체온을 느끼며, 피부에서 풍기는 낙산(지방산의 한 종류) 냄새를 맡습니다. 그러고는 포유류에 달라붙어 촉각으로 피부를 찾아내 피를 빨아먹습니다. 진드기에게 환경 세계란 냄새와 체온, 촉각, 이 세 가지가 전부입니다. 하지만 이렇게 좁은 세계만으로도 진드기는 살아가는 데 아무 불편이 없고, 충분히 생존하며 자손을 만듭니다. 냄새·체온·촉각이라는 울타리 바깥의 수많은 요소는 진드기에게 아무런 의미가 없습니다. 애초에 존재하지 않는 세계나 다름없죠.

배추흰나비는 조금 다릅니다. 오전에는 배추밭이 짝짓기 무대이지만, 오후가 되면 꽃이 피어난 배추밭이 꿀을 빠는 식탁으로 변합니다. 같은 장소라도 나비에게는 시간에 따라 완전히 다른 세계가 펼쳐집니다.

이처럼 환경 세계란 각 생명이 무엇을 감각하고, 무엇에 의미를 두는지에 따라 펼쳐지는 고유한 세계를 가리킵니다. 어떤 생명은 냄새와 소리에, 또 어떤 생명은 빛과 색깔에 의지합니다. 바로 이 기준에 따라 그 존재가 살아가는 모습이 달라집니다.

  인간의 환경 세계는 훨씬 더 넓고 복잡합니다. 눈이 보이는 사람과 보이지 않는 사람의 환경 세계가 다르고, 많이 아는 사람과 그렇지 않은 사람의 환경 세계도 서로 다릅니다. 경험이 쌓이고 지식이 늘어날수록, 똑같은 풍경조차 전혀 다른 모습으로 다가오죠. 그렇기에 '세계'라는 단어가 가리키는 바는 결코 모두에게 동일하지 않습니다.

  진실한 경험을 하고, 사랑할 줄 아는 사람은 그렇지 않은 사람보다 훨씬 더 넓고 깊은 세계를 바라봅니다. 세계가 넓어질수록, 그 안에서 새로운 길을 발견하기 쉬워지고, 그 길은 때로 막힌 삶을 여는 돌파구가 되어줍니다.

사람을 구별하는
힘이 생긴다

⋮

'관심', '염려', '관찰', '인식', '수용', '긍정', '소유', '일체화'는 사랑의 다른 얼굴입니다. 우리가 세계를 향해 마음을 열면, 자연스레 드러나는 태도들이죠.

연애도 본질은 같습니다. 다만 연애에 외모나 지위, 손익 같은 세속적 기준과 욕망이 얽히는 순간, 사랑의 순도는 낮아집니다. 반대로 상대에게 요구하는 조건이 적을수록 사랑의 순도는 높아집니다.

순도 높은 연애를 하는 사람은 왜 상대에게 많이 바라지 않을까요? 이유는 간단합니다. 세계를 깊고 넓게 바라보기 때문입니다. 이미 상대가 지닌 풍부한 가치를 알아보고 충분해합니다. 남들이 보지 못하는 아름다움을 알아보는 눈이 바로, 사랑의 힘입니다.

다리를 잃고 병을 앓는 길고양이를 보살피는 사람을 예로 들면, 건강한 고양이보다 그렇지 않은 고양이가 두세 배 더 손이 가고, 병원비도 만만치 않죠. 그런데도 그는 그 고양이를 세상에서 가장 소중한 존재라 여기며 정성을 다해 돌봅니다.

왜일까요? 혈통 좋은 고양이도 아닌 그저 초라한 길고양이일 뿐인데 말입니다. 답은 간단합니다. 그는 고양이를 돌보며 사랑하는 능력을 키웠고, 그로 인해 세계가 더 넓어지는 경험을 했기 때문입니다.

결국 사랑이란 '세계를 확장하는 능력'입니다. 단 한 번이라도 그 능력을 발휘하는 순간, 삶은 충만한 기쁨으로 빛나고 사랑은 끝나지 않은 채 언제까지나 이어질 수 있습니다.

그렇다면 외모나 젊음에만 끌려 '사랑한다'라고 착각하는 경우는 어떨까요? 사실 이는 사랑이라기보다 수집가의 욕망에 가깝습니다. 대상은 그저 감상의 재료이자, 마음대로 보고 만지고 소비하는 자랑거리일 뿐입니다. 이를 진짜 사랑이라 부르기는 어렵습니다.

더구나 그런 수집가 같은 태도에 '강제'라는 요소가 더해지면 사랑은커녕 성범죄가 되고 맙니다. 이 점을 염두에 두고 오늘날을 바라보면, 아이돌이나 연예인은 '수집가용 상품'처럼 소비되는 경우가 많습니다. 팬들은 그들을 향해 "사랑한다"고 외치지만, 실상은 사랑이 아니라 순간의 열광인 경우가 대부분이죠.

○ **사랑은 노하우가 아니다**

요즘 특정 분야나 대상에 과도하게 몰입하는 사람들이 늘어나는 추세입니다. 그들은 대부분 집착하는 수집가이고, 사랑과 정면으로 맞설 용기는 없습니다. 사실 '마니아'라는 단어 자체가 본래 그리스어로 광기와 집착을 뜻합니다. 그들은 집착하는 대상을 마음대로 소비합니다. 특히 성적으로 사람을 이용하는 마니아라면, 그 위험성은 두말할 필요도 없습니다.

이처럼 '사랑처럼 보이지만 사랑이 아닌 것'과 '진짜 사랑' 사이에는 뚜렷한 간극이 있습니다. 그렇다면 요즘 사람들에게 잘 팔리는 '사랑의 기술', '연애 노하우'는 어떨까요? 이름은 그럴듯하지만, 사랑과는 아무 상관이 없습니다.

사랑은 오직 각자의 구체적인 경험 속에서만 자랍니다. 사람마다 경험의 깊이가 다르니, 사랑의 능력도 저마다 다를 수밖에 없습니다. 그것을 몇 등급으로 나누거나 기술처럼 정리할 수 있을까요? 단언컨대 불가능합니다.

  요리 명인의 칼을 손에 넣었다고 해서 모든 이가 명인이 되지 않듯이 말입니다. 사랑도 다르지 않습니다. 연애 심리를 배우고, 데이트 요령을 익히고, 애무 기술을 습득한다 해서 사랑이 피어나지 않습니다. 상대가 잠시 속을 수는 있겠죠. 그래서 심리학 기법을 팔아 얄팍하게 돈을 버는 사람들이 넘쳐나는 겁니다. 하지만 그런 관계는 결코 오래가지 않습니다.

내가 어떤 상태인지
판단할 수 있다

︙

이 시대에 사랑에서 점차 멀어지게 하는 요인은 무엇일까요? 지금부터 사랑에서 멀어지게 하는 몇 가지 태도를 살펴보겠습니다.

1. 자의식이 강한가?

자의식이 강하면 강할수록 사랑은 멀어집니다. '나는 이런 사람이다'라는 강한 자기의식은, 역설적이게도 사랑과의 거리를 점점 더 벌려놓습니다. 특히 10대에서 30대에 이르는 세대에서 이 경향이 두드러집니다. '남들과 다른 나'를 강조하고 싶어 하는 마음, 그 허세 때문에 잃어버리는 기회가 얼마나 많은지 모릅니다.

왜일까요? 자의식과 허세란 결국 외부가 씌운 '가짜 얼굴'이기 때문입니다. 거짓된 곳에 사랑은 머물 수 없습니다. 그런데도 마음 없는 연애를 반복하다 보면, 자의식은 오히려 상처를 피하려는 방패가 되고, 상대를 밀어내는 무기가 되기도 합니다. 겉으로는 잘 드러나지 않는 수줍음조차도 자의식의 또 다른 그림자라고 볼 수 있습니다.

자의식이 거짓인 이유는 '남들과 다른 나'라는 전제 위에 서 있기 때문입니다. 겉보기에 스스로 만든 듯 보여도, 사실은 타인에게서 비롯된 경우가 많습니다. 가족, 사회, 심지어 사이비 사상에 영향을 받고, 세뇌를 당하기도 합니다. 이런 의식이 깨지지 않고 자라면 '나는 특별하다. 그러니 남들과는 다른 대우를 받아야 한다'라는 생각에 빠져듭니다.

그 순간 결정적인 약점이 생깁니다. 바로 아무 일에도 능숙해지지 못한다는 점입니다. 어떤 일을 익히고 성장하려면 자신을 잊고 몰입해야 하는데, 자의식이 몰입을 가로막습니다. 그 결과 자의식이 강한 사람은 아무것도 제대로 익히지 못한 채 살아갑니다. 나이가 들어서도 젊은 시절처럼 꿈만 늘어놓고, 정작 현실에서는 아무 성취도 이루지 못합니다.

2. 방법론에 의존하는가?

무슨 일이 생기면 곧장 방법론부터 찾는 사람도 사랑에서 멀어집니다. 방법론이 전혀 쓸모없지는 않습니다. 일정한 규칙을 가진 사물이나 시스템에는 효과를 보입니다. 하지만 삶은 다릅니다. 인생은 매뉴얼대로 움직이는 기계도, 몇 번의 클릭으로 해결되는 게임도 아니니까요.

그럼에도 연애에 심리학 기법이나 방법론을 적용하려는 사람들이 있습니다. 서점에는 연애 기술이나 인간관계 노하우를 다룬 책이 넘쳐납니다. 하지만 기껏해야 상대를 잠시 착각하게 만들거나, 덫에 빠뜨리는 정도에 불과합니다. 그런 기술에 의존할수록 사랑과는 점점 더 멀어질 뿐입니다.

3. 체면을 중시하는가?

세상에는 체면을 목숨처럼 여기는 사람이 많습니다. 그러나 그들도 사랑과는 인연이 멉니다. 체면이란 무엇일까요? 대체로 사람들이 마음속에 그리는 '잘나가는 사람'의 모습, 주변 어른들의 행동, 권위나 전통, 관습이 빚어낸 가상의 기준을 뜻합니다.

겉으로는 늘 세속적 기준, 즉 체면을 지키는 듯 행동하는 사람들이 있습니다. 공적인 자리에서는 도덕과 규범에 맞춰 행동하지만 사적인 자리에서는 태도가 달라집니다. '나는 사랑을 더 중요하게 생각한다'라며, 체면 뒤에 감춰둔 속마음을 내보입니다.

하지만 이는 진심에서 우러난 태도가 아닙니다. 겉으로는 세속의 규범에 맞춰 살아가면서, 속으로는 사랑을 중시하는 특별한 사람인 양 포장할 뿐이니까요. 마치 인생을 하나의 게임처럼 여기며, 체면과 사적 욕구 사이에서 그때그때 균형을 맞추려는 가식적인 태도에 지나지 않습니다.

예수는 이렇게 말하셨습니다.

> 너희가 하나님과 재물을 겸하여 섬기지 못하느니라. _「마태복음」 6장 24절

여기서 하나님은 사랑을 상징하고, 재물은 권위와 돈을 상징합니다. 결국 겉과 속이 다른 삶은 오래 버티지 못합니다.

체면을 중시한다는 말은 다시 말해 남의 시선을 의식해 잘 보이고 싶다는 뜻입니다. 이는 자의식이 갈아입은 또 다른 얼굴에 지나지 않습니다. 체면에 매달리는 삶은 결국 자기 인생을 스스로 내어주는 일입니다. 실제로 체면 때문에 괴로워하다 극단적인 선택을 하는 경우도 적지 않습니다.

거짓 없는 인생을 살기 위하여

사랑에서 멀어지지 않으려면 무엇보다 말에 거짓을 담지 않아야 합니다. 여기서 말하는 거짓은 단순한 거짓말만 뜻하지 않습니다. 마음 없는 과장, 상황에 맞춰 꾸며낸 표현, 예절에 갇힌 형식적인 말투까지 모두 거짓 범주에 속합니다. 예절 교실에서 배우는 언행 역시 알고 보면 상황에 맞게 포장된 거짓일 뿐입니다.

책임질 수 없는 말을 가볍게 던지는 것, 사회생활에서 오가는 형식적인 인사말에도 이런 거짓은 숨어 있습니다. 늘 무뚝뚝하게 말해야 한다는 말이 아닙니다. 애매한 상황에서는 차라리 침묵하고, 알지 못하는 일은 솔직히 모른다고 말하면 됩니다. 자신의 마음을 꾸밈없이 자기 언어로 표현하는 태도가 중요합니다. 그럴 때 비로소 상대와 나 자신에게도 성실해집니다.

현실에서 이렇게 살아가기란 말처럼 간단하지 않습니다. 하지만 시간이 흐르면 주변도 차츰 익숙해지고, 결국 손익을 따지지 않는 신뢰가 쌓이게 됩니다. 바로 그 손익을 초월한 신뢰야말로 사랑이 넓게 퍼지는 든든한 토대가 되죠.

○ **옳고 그름을 가려내는 눈을 키우는 일**

자기 말을 조금씩 바로잡다 보면 가장 먼저 자신을 믿게 됩니다. 그렇게 스스로를 신뢰하면, 내가 진짜로 원하는 일과 지금 해야 할 일이 무엇인지 뚜렷해집니다. 옳고 그름을 가려내는 눈도 훨씬 분명해집니다.

왜 이렇게 달라질까요? 그동안 우리는 상황과 분위기에 휩쓸려 스스로를 속이며 살아왔기 때문입니다. 마음속으로는 자신을 거짓말쟁이나 무책임한 사람으로 여기면서도, 그 사실을 애써 외면했겠죠. 하지만 말만 바로잡아도 짐은 눈 녹듯 사라집니다. 그 순간, 어깨에서 무거운 돌을 내려놓은 듯한 해방감을 느낄 겁니다. 동시에 억눌려 있던 능력도 자유롭게 흘러나오기 시작합니다.

여기에 꼭 던져야 할 짐이 하나 더 있습니다. 바로 강한 자의식입니다. 자의식에 사로잡힌 사람은 두꺼운 장갑을 낀 채 타인을 만지는 모습과 같습니다. 그런 채로는 진정한 경험을 할 수 없습니다. 그런 태도로 살아간다면, 진짜 삶이 아니라 그저 겉모습만 흉내 내는 삶일 뿐입니다.

진실한 경험은 억지로 쫓아간다고 얻어지지 않습니다. 누구에게나 곧장 열려 있지만, 욕심으로 집착하면 오히려 멀어집니다. 기억하세요. 진실한 경험은 꾸밈없는 태도로 마주할 때 저절로 우리 곁에 다가옵니다.

철학자들의 사랑 수업 3

사람이 큰 실수를 저지르는 이유 가운데 하나는, 순간의 감정을 '진짜'라고 착각하기 때문입니다. 그 순간만큼은 모든 판단이 옳다고 믿어버리죠. 하지만 이런 착각이 쌓이면 결국은 큰 오판을 낳고 자신뿐만 아니라 주변까지 곤란에 빠뜨립니다.

마르틴 부버는 『나와 너』에서 이렇게 말했습니다.

> 감정은 아무리 중요하다 해도 결국 마음의 역학 속에 놓여 있다. 그래서 한 감정은 다른 감정에 의해 앞질러지기도 하고, 압도되기도 하며, 사라지기도 한다.

잠시 스쳐 지나가는 감정을 붙잡아 그것이 곧 '진짜 사랑의 증거'라 믿는다면 어떻게 될까요? 잘못된 상대를 연애 대상으로 쉽게 선택하고 말겠죠.

비트겐슈타인도 『철학 일기』에서 이런 말을 했습니다.

> 자신이 가장 사랑하는 것을 신의 손에 맡기지 못하고, 자기 손으로 쥐락펴락하려 드는 사람은, 그것에 대한 올바른 사랑을 지닌 것이 아니다.

남녀 가리지 않고, 연애할 때 상대를 자기 뜻대로 바꾸려 하거나 머릿속 이상형에 끼워 맞추려는 경우가 많습니다. 그러면서 사랑을 하고 있다고 착각합니다.

그런 관계에서는 결코 사랑이 존재하지 않습니다. 상대가 살이 쪘다든가, 관리를 안 한다든가, 매력이 덜하든가 하는 이유로, 관계를 손쉽게 끊는 일도 벌어집니다.

사람을 사랑하는 일은 회사를 경영하듯 치밀한 계획으로 관리되지 않습니다. 그런데도 많은 사람들이 이 둘을 혼동합니다. 연애조차 사업처럼 성공시키려다가, 끝내 실패하고 마는 이유가 여기에 있습니다.

4장

잃어버린 오래된 감각을 찾아서

인간을 이해하기 위한 철학

행복한 왕자는
왜 행복했을까?

:
:
:

　진실한 경험은 우리에게 사랑할 힘을 줍니다. 그 힘을 실제로 발휘할 때, 기쁨과 충만이 뒤따릅니다. 그 기쁨은 욕망을 따를 때처럼 강렬한 자극은 아닙니다. 오히려 잔잔히 스며들어 마음 안쪽이 천천히 차올라 가득해지는 깊고 고요한 만족이죠.
　이 사실을 보여주는 작품이 오스카 와일드[26]의 『행복한 왕자』입니다. 유명한 이야기이지만, 여기서 잠시 살펴보겠습니다.

26　오스카 와일드(1854~1900)는 아일랜드 출신 작가로 옥스퍼드 대학을 수석으로 졸업했으며 기이한 복장과 기행으로 유명했다. 주요 저서로 『도리언 그레이의 초상』 등이 있다.

어느 도시의 광장 한복판에 '행복한 왕자'의 동상이 높은 기둥 위에 서 있었습니다. 온몸은 금박으로 빛나고 사파이어와 루비가 곳곳에 장식되어 있었지요.

여름이 저물고 서늘한 기운이 스며드는 어느 가을날, 제비 한 마리가 왕자의 발치에 잠시 날아들었습니다. 그 제비는 한 줄기 갈대에 연정을 품은 까닭에 무리와 함께 이집트로 날아갈 시기를 놓쳐버리고 말았습니다. 사랑이 끝나자, 홀로 이 도시에 남게 되었죠.

제비가 막 잠을 청하려던 순간, 위에서 물방울이 똑 떨어졌습니다. 비가 오는가 싶었으나, 다름 아닌 왕자의 눈에서 흘러내린 눈물이었습니다. 제비가 고개를 들어 왕자를 올려다보며 물었습니다.

"왜 우시는 겁니까?"

왕자가 조용히 대답했습니다.

"내가 살아서 산수시 궁전에 머물던 때는 슬픔이란 걸 알지 못했단다. 날마다 즐겁고 아름다운 일뿐이었고 사람들은 나를 '행복한 왕자'라 불렀지. 하지만 내가 죽어 이 자리에 동상으로 세워진 뒤로는, 이 도시의 추악함과 비참한 모습만 눈에 들어오는구나. 그러니 어찌 눈물이 흐르지 않을 수 있겠니."

왕자는 제비에게 부탁했습니다.

"여기서 바라보면 멀리 작은 골목에 가난한 집이 하나 보인단다. 그곳에는 자수를 놓으며 어렵게 생계를 이어가는 한 여인이 있지.

지금은 여왕의 시녀가 무도회에서 입을 드레스를 수놓고 있네. 방 한구석 침대에는 그녀의 어린 아들이 병든 채 누워서, 어머니에게 자꾸만 오렌지를 먹고 싶다고 말하고 있어. 하지만 여인은 너무나 가난해서 물밖에는 줄 것이 없단다. 그러니 제비야, 내 검에 박힌 루비를 그녀에게 전해주지 않으련? 나는 이 받침대에 묶여 꼼짝할 수가 없으니."

제비는 망설이다가 결국 왕자의 뜻을 따랐습니다. 루비를 부리에 물고 날아가 보니, 여인은 이미 지쳐 잠들어 있었고, 아이는 열로 얼굴이 벌겋게 달아올라 있었지요. 제비는 아이의 이마 주위를 맴돌며 날개로 아이 이마를 살며시 식혀 주었습니다. 왕자의 발치로 돌아온 제비는 말했습니다.

"추운 밤이지만 제 마음은 참 따뜻해졌습니다."

그렇게 말하고 제비는 고이 잠들었습니다.

다음 날, 제비는 따뜻한 계절을 찾아 이집트로 날아가려 했습니다. 그러자 왕자가 간청했습니다.

"오늘 밤만 더 머물러 주지 않겠니?"

왕자는 이번에는 다락방에 사는 젊은 극작가 이야기를 들려주었지요.

"그 젊은이가 사는 집 난로는 다 식어 얼어붙었고 그는 굶주림을 참다못해 쓰러지기 직전이란다. 그러니 내 눈에 박힌 사파이어 하나를 꺼내 그에게 전해주지 않으련?"

제비는 왕자의 한쪽 눈에서 사파이어를 빼내어 젊은이에게 전해 주었습니다.

그다음 날, 제비는 정말로 이집트로 떠날 마음을 굳히고 왕자에게 작별 인사를 하러 갔습니다. 그러자 왕자는 다시 부탁했습니다.

"광장을 좀 보렴. 그곳에 성냥팔이 소녀가 있단다. 신발도 양말도 없이 추위에 벌벌 떨고 있지. 그런데 팔아야 할 성냥을 모두 도랑에 빠뜨리고 말았어. 아마도 집에 돌아가면 아버지에게 매를 맞을 테지. 그러니 남은 내 눈, 마지막 사파이어를 꺼내 그녀 손에 쥐여 주렴."

제비는 이번에도 그대로 했습니다. 그리고 돌아와 왕자에게 이렇게 말했습니다.

"저는 이제 이집트로 가지 않겠습니다. 두 눈을 다 잃어 아무것도 보지 못하시는 왕자님 곁을 지키겠어요."

다음 날, 제비는 그동안의 여행에서 즐겁고 흥미로웠던 추억들을 들려주었고, 왕자는 조용히 말했습니다.

"이제 네가 내 눈이 되어 도시 곳곳을 돌아다니며 본 걸 나에게 들려다오."

제비는 곧장 날아올라 도시 곳곳을 두루 살피며, 얼마나 많은 사람들이 가난에 허덕이며 살아가고 있는지를 왕자에게 전했습니다.

그러자 왕자가 말했습니다.

"그렇다면 내 몸에 덮여 있는 금박을 한 장씩 벗겨내어 가난한 이들에게 나누어 주거라. 사람들은 금만 있으면 행복해질 수 있다고 믿으니까."

제비는 그대로 따랐습니다. 온몸의 순금이 모두 벗겨진 왕자는 더 이상 빛나지 않았고, 잿빛으로 바래갔습니다.

곧 계절은 어두운 겨울로 접어들었고, 눈발이 날리기 시작했습니다. 제비는 왕자의 잿빛 입술에 마지막 키스를 남기고 조용히 발치에서 숨을 거두었지요. 그 순간 왕자의 동상에서 금속이 부서지는 소리가 났습니다. 납으로 된 그의 심장이 두 쪽으로 갈라진 것이었습니다.

다음 날, 시장과 시의원들이 왕자 동상을 보고 놀라며 말했습니다.

"이 동상은 어쩌다 이렇게 초라해졌는가. 거지와 다를 바 없구나."

동상은 용광로에 던져져 녹아내렸습니다. 그러나 납으로 된 심장만은 녹지 않아 쓰레기 더미에 버려졌지요. 그곳에는 죽은 제비도 함께 버려진 채였습니다.

왕자의 루비와 사파이어 그리고 금박은 그가 지닌 능력을 상징합니다. 제비는 그 보석들을 물고 사람들에게 전하는 능력이 있었습니다. 두 존재는 각자의 능력을 발휘하면서 기쁨과 충만을 맛보았습니다.

생전에 궁전에서 풍요롭게 지내던 왕자는 '행복한 왕자'라 불렸습니다. 하지만 죽은 뒤 동상이 되고 나서야 비로소 자신이 가진 능력을 제대로 사용할 수 있었지요. 그때의 그는 이전과는 전혀 다른 의미에서, 진정 '행복한 왕자'였습니다.

이 이야기는 두 가지 행복을 보여줍니다. 하나는 물질적 풍요와 환경에 기대어 누리는 행복, 또 하나는 자기 능력을 발휘하며 얻는 행복입니다. 하지만 두 번째 행복, 곧 자기 능력에서 솟아난 행복이야말로 오래도록 사라지지 않는 참된 행복이 아닐까요?

행복하기 위해 꼭 필요한 건
이것이었다

『행복한 왕자』를 수박 겉핥기처럼 읽는다면, '가난한 이들에게 가진 걸 베풀라'라는 교훈쯤으로 여길지도 모릅니다. 그러나 『행복한 왕자』는 그런 의도로 쓰인 작품이 아닙니다. 왕자가 제비에게 했던 말을 떠올려보세요.

"사람들은 금만 있으면 행복해질 수 있다고 믿으니까."

이 한 마디 속에 모순이 느껴집니다. 왕자는 자신의 보석과 금박을 가난한 이들에게 주었지만, 돈만 있으면 행복해진다고 믿지는 않았습니다. 그는 물질은 언제든 사라질 수 있고, 금빛은 쉽게 바랜다는 사실을 알았습니다.

그렇다면 행복에 꼭 필요한 요소는 무엇일까요? 작가 오스카 와일드는 자신의 『전집 3』에서 이런 말을 남겼습니다.

> 인생이란 자비로운 마음 없이 이해할 수 없으며 깊은 자비심 없이 살아갈 수 없다. 내세를 무엇으로 설명하든, 이 세계를 진실로 설명하는 건 독일 철학이 아니라 바로 사랑이다.

앞서 살펴본 이야기에서 제비는 마지막 순간, 왕자에게 키스합니다. 원문에 따르면, 제비는 조심스레 왕자의 손에 키스해도 되겠느냐고 묻고 왕자는 이렇게 대답합니다.

"나도 너를 사랑하고 있으니, 내 입술에 키스해다오."

보통 손등에 하는 키스는 존경이나 경외의 표시로 여겨지고, 입술에 하는 키스는 사랑의 증표라 여겨집니다. 그렇다면 왕자와 제비가 나눈 키스는 사랑에서 비롯된 행위라고 볼 수 있습니다.

○ **사랑은 받아들이고 끌어안는 행위**

왜 사랑과 키스는 연결되어 있을까요? 단순히 '내가 사랑한다'는 마음만으로는 부족할까요? "나는 당신을 사랑합니다"라는 말만으로도 부족할까요? 우리는 왜 굳이 키스라는 행위을 하며 사랑을 표현하려 할까요?

곰곰이 생각해보면, 키스란 참으로 신비로운 행위입니다. 어린아이가 사물을 입에 넣어 맛과 감촉을 확인하며 낯선 세계를 받아들이는 모습과 닮았지요. 그런 의미에서 키스는 '받아들임' 즉 '수용'의 행위라고 해도 무방합니다.

이 행위는 단지 눈앞의 상대를 받아들이는 데 그치지 않습니다. 상대가 지나온 시간과 경험, 그가 속한 세계를 함께 받아들이는 행위입니다. 따라서 키스나 포옹은 그의 세계를 받아들이는 일과 같습니다. 사랑의 근본적 행위인 '수용', '소유', '일체화'가 이 행위 안에 고스란히 녹아진 겁니다.

다만 현실에서 키스는 눈앞의 상대에게 하는 행위이므로 그 순간 우리는 먼저 상대를 받아들입니다. 그러나 받아들이는 동시에, 우리는 자신을 내어주고 있기도 하죠.

생각해보면, 키스란 자기 입술을 상대 입술에 맞대는 일입니다. 그 순간 우리는 이상하게도 상대의 침이 내 안으로 들어와도 괜찮다고 느끼죠. 왜일까요? 그와 내가 분리된 존재가 아니라 하나라고 느끼기 때문입니다.

평소라면 자기 입에서 나온 침조차 다시 삼키기 싫어하면서, 키스할 때만큼은 상대의 침을 조금도 거부하지 않습니다. 심지어 감염의 위험조차 개의치 않지요. 그건 상대를 나 자신과 온전히 동일시하고 그 존재 전체를 있는 그대로 받아들이기 때문입니다. 이러한 수용이야말로 사랑의 가장 본질적인 형태입니다.

더 나아가 키스는 세계 전체를 수용하는 행위이기도 합니다. 입술이라는 작은 한 점 너머로 세계가 원뿔처럼 끝없이 펼쳐져 있으니까요. 그래서 키스를 하는 대상은 한 개인을 넘어, 그 순간 세계 전체를 대표하는 존재가 됩니다.

어떤 사람은 외국 공항에 도착해서 비행기에서 내리자마자 무릎을 꿇고 땅에 입 맞추는 행동을 하기도 합니다. 그 행위는 곧 그 나라 전체에 대한 존경과 사랑을 표현하는 몸짓입니다.

반면에 사람을 멀리하고 사회를 혐오하는 사람을 떠올려보세요. 그런 사람은 언제나 누군가 또는 무언가와 접촉을 피하고 멀찍이 물러섭니다. 그에게 과연 사랑과 수용이 있을까요? 단언컨대 없습니다.

키스는 단순한 애정 표현이 아닙니다. 상대를 수용하고, 자신을 상대에게 녹여내며, 나아가 세계와 하나 되는 행위입니다. 그 지점에서 키스하고픈 충동이 자연스레 일어납니다. 키스가 우리에게 안도와 만족을 선사하는 이유이기도 합니다.

○ **너와 나의 경계가 사라지는 깊은 몰입의 상태**

흔히들 사랑에 빠지면 눈앞에 보이는 세계가 온통 장밋빛으로 물든다고 말합니다. 실제로 많은 사람들이 그렇게 느낍니다. 왜일까요? '사랑하는 사람'이라는 문을 넘어서 펼쳐진 세계와 하나가 되는 체험을 하기 때문입니다. 그 순간 모든 걸 받아들이고, 온 세계와 기분 좋게 어울려 하나가 되죠. 성교의 쾌감 또한 바로 이 체험에 닿아 있습니다. 자아가 녹아내리며 '나'라는 경계가 사라지는 깊은 몰입을 경험입니다.

이처럼 사랑이 중심에 자리할 때, 우리 주변에 넘쳐나는 온갖 연애나 애무의 기교들은 자연스레 그 빛을 잃습니다. 진심으로 웃을 수 있는 사람에게 "웃을 때는 이렇게 입꼬리를 올리고, 손은 이렇게 두라"라고 가르치는 모습과 다를 바 없으니까요.

정신의 기쁨과
육체의 기쁨을 되찾는 일

．
．
．

우리는 사랑하는 사람과 키스를 나누며, 정신의 기쁨과 육체의 기쁨을 동시에 느낍니다. 아직 키스할 만큼 가까운 사이가 아니더라도, 사랑하는 이를 멀리서 바라보는 일만으로도 마음은 저절로 기뻐지죠. 그 기쁨은 곧 행복으로 이어집니다. 왜냐하면 사랑하는 일은 무엇보다 자신을 행복하게 만드는 일이니까요.

그러나 세상에서 말하는 '행복'은 전혀 다른 의미로 쓰이곤 합니다. 호화로운 생활, 부족함 없는 삶, 풍부한 재산, 수많은 인간관계, 복권 당첨… 등등. 이러한 물질만을 행복이라 믿는다면 어떻게 될까요? 사랑하는 사람 곁에 있으면서도 불행하다고 느낍니다. 마음보다 눈앞에 보이는 소유만 헤아리며, '더 부유한 사람과 함께였다면 더 행복했을 텐데' 하고 비교하게 되죠.

○ 행복은 사랑하는 자에게 온다

'행복'이라는 단어를 자꾸 의식하고 입에 올릴수록, 더 많이 가지려는 욕망만 커지고, 정작 행복은 멀어져 갑니다.

그러나 진실은 단순합니다. 누군가를 또는 무언가를 사랑하는 일, 그 자체가 곧 행복입니다. 자기 자신을 행복하게 만드는 방법은 절대 어렵지 않습니다. 누구든 할 수 있죠. 예를 들어 동물을 키우는 사람은 이미 날마다 사랑을 경험합니다. 돌보는 일은 분명 수고롭지만, 그 모든 수고가 도리어 기쁨이 되어 돌아오니까요. 식물이나 풍경을 향한 사랑도 다르지 않습니다.

상대가 사람이든, 동물이든, 식물이든 상관 없이 그 만남이 진정한 경험으로 이어진다면 우리는 사랑의 기쁨을 누립니다. 그것이 곧 행복입니다. 행복으로 가는 길은 단순하다는 사실을 기억하기 바랍니다.

헤르만 헤세[27]는 『사랑할 수 있는 사람은 행복하다』에서 이렇게 말했습니다.

> 행복이란 사랑이며, 그 외의 무엇도 아니다. 사랑할 수 있는 자는 행복하다. 우리 영혼이 자기 존재를 느끼고, 살아 있음을 느끼게 하는 영혼의 모든 움직임은 사랑이다. 그러므로 행복한 자란 곧 많이 사랑할 수 있는 자이다. 단, 사랑하는 일과 동경하는 일은 결코 같지 않다.

물론 하는 일이 곧 사랑이 될 때도 행복은 찾아옵니다. 더 나아가 자기 자신을 사랑할 때도 행복은 자라납니다. 애초에 인간에게 존재하는 자기애 때문에 우리는 매일을 살아낼 수 있습니다.

심지어 남을 해치는 사람조차 자기 자신만은 사랑합니다. 그래서 맛있는 음식을 먹으려 하고, 스스로 위험에 빠지지 않으려 날마다 주의를 기울입니다.

---

27   헤르만 헤세(1877~1962)는 스위스의 시인이자 소설가이다. 인간 정신세계의 깊이를 탐구한 작품들로 잘 알려져 있다. 1946년 노벨 문학상을 수상했으며 주요 저서로 『수레바퀴 아래서』, 『데미안』, 『유리알 유희』 등이 있다.

다만 여기서 말하는 자기애는 흔히 말하는 나르시시즘과는 다릅니다.

자기애는 생명을 지켜내기 위해 꼭 필요한 바탕이지만 나르시시즘은 타인과 비교하면서 자신이 최고라 착각하는 데 지나지 않습니다. 나르시시즘이 절대로 사랑이 될 수 없는 까닭입니다.

진짜 사랑과 가짜 사랑을 구별하는 법

어떤 사람들은 이렇게 말할지도 모릅니다.

"생명을 이어가기 위한 고귀한 사랑 따위엔 관심 없어. 나는 오직 연애 속에서 느끼는 사랑만 원해."

두 가지 사랑 사이에 큰 차이가 있을까요? 사실은 아무런 차이가 없습니다. 생명을 유지하는 사랑만 따로 존재하지도 않고, 연애할 때만의 관계도 따로 존재하지도 않습니다. 두 가지 모두 '사랑'이라는 큰 울타리 안에서 맞닿아 있죠. 다만 연애 속에는 욕망이라는 불순물이 약간 뒤섞여 있습니다.

짧은 열정에만 사로잡힌 연애로 맺어진 관계는 두 사람이 맞닿은 사랑이라는 접착 면이 좁아서 오래도록 지속할 수 없습니다. 끝내 이별이 찾아오고야 맙니다.

많은 사람이 이별의 이유를 저마다 다르게 말합니다. 하지만 근본적인 이유는 단 하나입니다. 바로 사랑이 무엇인지 제대로 알지 못했다는 사실, 그것뿐입니다.

○ **진정한 사랑을 위해 확인할 세 가지 태도**

'사랑을 분명히 자각하느냐, 못 하느냐' 하는 지점에서 연애가 참된 사랑으로 채워질 수 있는지 결정됩니다.

그렇다면 어떤 사랑을 해야 할까요? 나와 상대 사이의 연결이 진짜 사랑인지, 아니면 가짜 사랑인지 가려낼 눈이 필요합니다. 걱정할 필요는 없습니다. 몇 가지 지점을 의식하며 차분히 살펴본다면 누구든 금세 분명히 알아차릴 수 있습니다.

① 두 사람의 관계 바깥에 어떤 목적을 숨겼는가?
② 상대의 아름다움이나 성품을 다른 사람과 자주 비교하는가?

③ 상대와 떨어져도 여전히 그 존재를 가깝게 느끼는가?

우선 이 세 가지를 자신에게 조용히 물어보세요. 만약 사랑이라는 이름으로 서로를 붙잡는 접착 면이 얇고 좁다면, 그 열정만으로는 오래 버티기 힘듭니다. 결국 누군가는 떨어져나가고 이별을 맞이하게 되죠.

① 관계 바깥의 어떤 목적을 숨겼는가?
 진정한 사랑이 깃든 관계를 맺고 싶다면, 교제 초기에 반드시 이를 분별할 안목이 필요합니다. 무엇보다 먼저 스스로에게 물어야 할 질문은 이것입니다.

'두 사람의 관계 바깥에 어떤 목적을 숨기지 않았는가?'

 사기꾼은 늘 상대의 돈이나 재산을 빼앗으려는 속셈을 은밀히 감추기 마련입니다. 정작 당하는 사람은 눈치채지 못합니다. 교묘한 말과 행동으로 철저히 속이니까요.
 연애에서도 이와 비슷한 사기꾼들이 적지 않습니다. 상대라는 한 인간과 오롯이 만나지 않고, 그 사람이 가진 육체, 돈, 젊음, 힘, 재능, 집안, 지위 같은 조건 때문에 만납니다. 상대가 모르게 감춘 채 사귀는 경우가 많죠.

어쩌면 상대가 아니라, 바로 나 자신이 죄의식도 자각도 없는 그런 사기꾼일지도 모릅니다.

'이 사람과 함께라면 안정된 생활을 누릴 수 있겠지.'
'이 사람이라면 가족이나 친구들에게 자랑할 수 있겠지.'

이런 마음이 조금이라도 스친다면, 이미 스스로 그 범주에 들어간 셈입니다.

만약 상대가 어떤 생각인지 알고 싶다면 방법이 하나 있습니다. '그가 왜 그 직업을 선택했는지' 살펴보는 겁니다. 돈을 벌기 위해 일하거나, 더 좋은 조건만 좇아 이직을 반복한다면, 그는 사랑보다 물질적 풍요와 자기 쾌락에 큰 가치를 둘 가능성이 큽니다. 자본주의 사회에서는 투자자들 말고도 이런 유형이 흔하죠.

만약 자신이 그런 사람에 해당된다면, 앞서 말했듯 지금까지 진정한 경험이 부족했기 때문일지도 모릅니다.

여행에서 드러나는 태도 역시 본성을 비추는 거울이죠. 여행지에 가서도 쇼핑에만 몰두한다든지, 늘 새로운 자극만 좇는다든지, 평소와는 전혀 다른 사람으로 돌변한다면, 그는 스스로를 가장하는 성향이 짙은 사람일 가능성이 큽니다.

이런 이들에게 연애란 한낱 새로운 장난감에 불과합니다. 설령 그 관계에 사랑의 기운이 스친다 해도, 한순간의 불꽃일 뿐 금세 꺼져버립니다.

② 상대의 아름다움이나 성품을 다른 사람과 자주 비교하는가?

누군가의 아름다움이나 외모에만 집착하는 사람은 사랑을 깊이 느끼기 어렵습니다. 왜냐하면 아름다움이란 사실 개인의 취향에 따라 달라지는, 단순한 기호에 지나지 않으니까요.

기호에 휘둘리는 사람은 늘 다른 사람과 비교하며 머릿속에서 끝없는 경쟁을 벌입니다. 비교란 결국 허구의 경쟁일 뿐이고, 그 속에서의 우열 또한 언제나 각자 주관에 따라 정해질 따름입니다.

그래서 시선이 늘 그런 좁은 틀 안에 머물러 있다면, 자기와 전혀 다른 성격과 개성을 지닌 사람을 있는 그대로 받아들이고 사랑하기란 쉽지 않습니다. 어쩌면 진짜 사랑은 애초에 불가능할지도 모릅니다.

③ 상대와 떨어져 있어도, 그 존재를 가까이 느끼는가?

내가 정말로 누군가를 사랑하고 있는지 아닌지는, 멀리 돌아볼 것도 없습니다. 스스로에게 물어보면 바로 압니다.

영어로 자주 쓰이는 'I miss you(당신이 그립다)'는 그 감각이 옅어졌다고 해서 반드시 사랑이 식었다는 뜻은 아닙니다.

오히려 '그립다'는 감정이 줄어드는 경우, 그것이야말로 진짜 사랑일 때가 많습니다. 사랑은 단순히 곁에 있을 때만 느끼지 않고 늘 가슴속에 살아 있으니까요. 상대가 물리적으로 옆에 없더라도, 마음속 사랑은 그 존재를 느끼고 그로부터 기쁨을 얻습니다. 심지어 사랑하는 사랑이 눈을 감은 뒤에도 그 마음은 완전히 사라지지 않습니다. 애도는 남지만 오래된 슬픔은 차츰 잦아들고, 대신 사랑은 여전히 잔잔히 마음속에 머무릅니다. 그것이야말로 진짜 사랑의 힘입니다.

고대 그리스 철학자 에피쿠로스[28]는 『에피쿠로스의 서간문』에서 "죽은 친구의 기억은 기쁨이다"라고 말했습니다. 친구와의 친밀함이 죽음 이후에도 이어지는 까닭은 '사랑'이기 때문입니다.

---

28 에피쿠로스(기원전 약 342~271)는 그리스 철학자로 인간의 최고선은 정신적 쾌락으로 간주했다. 그의 저술은 단편만 전해진다.

상대가 죽고 오직 결핍감과 외로움만 남는다면, 그건 진정한 사랑이라기보다 단순히 일상에서 반응을 주고받던 익숙한 존재를 잃어서 비롯된 허전함일 가능성이 큽니다. 실제로 배우자나 반려동물과의 관계에서도, 사랑보다는 습관적인 응답에 기대어 살아가는 일이 적지 않습니다.

죽음 이후에도 이어지는 사랑은 한 사람에게만 머물지 않습니다. 인간 전체로, 나아가 모든 존재를 향한 사랑으로 확장됩니다. 가슴속에 이런 사랑이 깃들었다면, 우리가 그리워하던 이에게 품었던 친밀함을 다른 사람이나 동물에게서도 다시 발견하게 됩니다. 바로 이것이 영원한 '우정', 영원한 '사랑'(고대 그리스어로 philia)이라고 불립니다.

사랑은 우리를
어떻게 변화시키는가

누군가를 진심으로 사랑하게 되면 그 순간 자신도 변하기 시작합니다. 그 변화를 정리하면 다음과 같습니다.

① 연기하지 않고 세속적 틀에 얽매이지 않는다.
② 목적이나 수단을 중시하지 않는다.
③ 새로운 감각이 열리면서 즐거움의 폭이 넓어진다.
④ 삶을 대할 때 미리 세운 잣대를 들이대지 않고 있는 그대로 받아들인다.

① 연기하지 않고 세간의 틀에 얽매이지 않는다

진실한 경험을 거듭한 사람은 마침내 사랑할 수 있는 힘을 지니게 됩니다. 그렇기에 '연기' 따위는 하지 않게 되죠. 연기란 결국 거짓이니까요.

생활하면서, 일하면서 연기하지 않는 일만큼 편안함도 없습니다. 남의 시선을 지나치게 의식할 필요도, 평가받아야 한다는 긴장에 시달릴 이유도 없으니까요. 언제나 있는 그대로의 자신으로 지낼 수 있습니다.

사람이 연기하는 까닭은 자기 안에 무언가를 '숨겨야 한다'라고 믿고 그렇게 생각하기 때문입니다. 곰곰이 따져보면 참으로 어리석은 일입니다. 누구도 발견하지 못할 무언가를 위해 스스로 숨기려 애쓰고, 꼭 감춰야 한다고 멋대로 단정해버린 셈이니까요.

타인 앞에서 연기하는 이유가 뭘까요? 하나의 기준에 맞추어 살아야 한다는 강박에 붙들려 있기 때문입니다. 그러나 그 기준도 자세히 보면, 대개 사회가 세운 가치 판단일 뿐입니다.

문제는 사회가 정한 모든 기준을 우리가 정확히 알 수 없다는 점입니다. 따라서 우리가 막연히 떠올리는 기준이란 대개는 자기 상상에 불과한 경우가 많습니다.

이는 현실에 없는 무언가를 실재하는 양 두려워하며, 스스로 자기 행동을 옥죄는 꼴입니다. 만약 그게 삶을 힘겹게 만드는 원인이라면, 사실은 자기 손으로 스스로 목을 조르는 일과 다르지 않습니다.

우리는 가까운 사람에 대해서도 지나치게 많은 상상을 하곤 합니다.

'저 사람이 저렇게 행동하는 모습을 보니 분명 속셈이 있어.'
'밖에서는 아마 이런 짓을 하고 있겠지?'

정말 그럴까요? 실제로 확인하면 대부분 사실이 아닙니다. 그런데도 이런 상상이 쌓이면 하루하루는 걱정으로 가득 차고 맙니다. 그러고는 그 모든 원인을 마치 상대 탓인 양 책임을 전가합니다. 하지만 문제는 가까운 사람이 아니라, 나쁜 상상을 반복하며 스스로 괴로움을 키워가는 자신입니다.

예컨대 어느 갑부가 '내년에는 빈곤의 나락으로 떨어질지도 몰라' 하고 상상한다면 어떨까요? 그 순간부터 이미 그의 나날은 어둡게 물들어갑니다.

목수의 아들로 태어난 예수가 군중 앞에서 "내일 일을 걱정하지 말라"라고 설교했던 이유도 같은 맥락입니다. 2,000년 전 이스라엘 사람들 역시 오늘날 우리처럼 자기 안에서 끊임없이 솟아나는 나쁜 상상에 시달리며 살아갔던 겁니다.

그렇다면 왜 사람들은 이런 상상을 멈추지 못할까요? 이유는 간단합니다. 상대를 진정으로 사랑하지 않거나, 애초부터 인간 불신(동시에 자기 불신) 속에 빠졌기 때문입니다.

그러므로 "사랑하니까 걱정한다"라는 말은 애당초 성립할 수 없는 표현입니다. 진정으로 사랑한다는 뜻은 상대를 온전히 신뢰한다는 뜻이니까요. 나쁜 상상을 키울 이유가 없죠.

이런 말을 하는 사람은 대개 자신이 옳다고 믿습니다. 그러면서 그 사실을 상대도 알아주기를 바랍니다. 더 나아가 상대가 자기와의 관계 속에서 변해야 한다고 생각합니다.

하지만 그가 말하는 '옳음'이 무엇인지 본인조차 제대로 설명하지 못합니다. 옳음이란 결국 사회윤리나 상식에 불과하니까요. 사회윤리와 상식이란 보편적 진리가 아닙니다. 시대의 풍조와 문화 속에서만 잠시 힘을 가집니다. 따라서 그는 사실상 이렇게 말하는 셈입니다.

"이 시대를 살아가는 대중처럼 행동하라."

그러니 '사랑하니까 걱정한다'라는 말은 사랑에서 비롯된 말이 아닙니다. 오히려 상대를 자기 뜻대로 통제하려는 욕망을 교묘히 숨긴 표현이죠. 부모와 자식 사이든, 연인과 부부 사이든, 우리는 이런 욕망의 그림자를 종종 목격합니다. 심지어 그 욕망은 상대에게만 머무르지 않고, 자기 자신에게 향하기도 합니다.

② 목적이나 수단을 중시하지 않는다

사랑할 줄 아는 사람에게 두 번째로 드러나는 특징은, 목적이나 수단을 그다지 중시하지 않는다는 점입니다. 많은 사람이 목적과 수단을 최우선으로 여깁니다. 무엇을 시작하든 먼저 목표를 세우고, 목표에 이르는 계획을 짜고, 그 계획에 꼭 맞는 수단을 찾아내려 합니다. 시험에 합격할 때도, 회사에서 실적을 올릴 때도, 심지어 휴일을 보낼 때조차 마찬가지입니다. 목표가 없으면 아무 일도 시작할 수 없는 듯 여기고, 수단은 언제나 가장 효율적이어야 한다고 믿습니다.

우리 사회 역시 이런 흐름에 휩쓸려 있습니다. 이동하며 여행에서 느끼는 여운보다 목적지에 빨리 닿기를 바라며 만든 초고속 열차, 본업보다 세금이 덜 드는 투기에 열중하는 기업, 같은 물건을 무수히 찍어내는 대량 생산, 손쉬운 재원 확보를 위해 새로운 세금을 계속 만들어내는 정부…. 인간적이거나 비효율적이면 모두 쓸모없다고 치부되어 사회에서 밀려나버립니다. 이것이야말로 목적과 수단이라는 이름의 불치병에 걸려버린 사회의 자화상이라 할 수 있습니다.

목적이나 목표란 무엇일까요? 또 수단이란 무엇일까요? 그것들 자체가 무슨 특별한 의미를 지닐까요? 그렇지는 않을 겁니다.

목적과 수단은 결국 여러 도구 가운데 하나일 뿐입니다. 노하우나 매뉴얼, 컴퓨터가 도구이듯 그것들도 단지 필요할 때 쓰이면 되는 도구일 뿐이죠. 도구 그 자체로는 아무런 의미가 없고, 상황에 맞게 활용될 때만 비로소 가치가 드러나는 법입니다.

수단이 도구라는 사실은 누구나 쉽게 받아들입니다. 하지만 목적이나 목표도 사실은 도구에 지나지 않는다는 점은 자주 잊어버리죠. 왜 도구일까요? 목적이나 목표를 세우는 행위가 결국 사람을 움직이게 만드는 장치, 곧 자신을 몰아붙이는 방식이기 때문입니다.

기업의 연간 목표를 떠올리면, 직원들은 그 목표를 향해 달리도록 늘 독려받습니다. 여기서 본질은 강제입니다. 강제하지 않으면 일하지 않는다고 회사가 믿기 때문이죠. 직원의 진짜 목적은 '일하는 것' 자체가 아니라 '월급을 받는 것'이라고 전제하기에, 목표를 도구로 삼아 움직이게 만듭니다.

어떤 이는 '인생의 목적'을 말하기도 합니다. 하지만 그것도 따지고 보면 자기 자신을 억지로 움직이게 만들기 위한 수단, 즉 동기부여에 불과합니다.

그렇게 놓고 보면, 목적이나 목표란 현재를 다른 상태로 억지로 옮기려는 장치에 지나지 않습니다. 그 자체로는 아무 의미가 없죠. 그래서 무의미한 것을 향해 애쓰다가, 어느 날 불현듯 깊은 허무감에 빠져드는 이유도 어쩌면 당연합니다.

흔히 쓰이는 '성공'이라는 말도 사실은 허깨비 같은 도구일 뿐입니다. '실패'라는 말도 다르지 않습니다. 누군가가 제멋대로 기준을 세우지 않았다면, 성공도 실패도 애초에 존재하지 않습니다. 그런데도 우리는 이런 공허한 관념에 흔들리며 기뻐하거나 좌절합니다. 하지만 관념은 어디까지나 관념일 뿐, 결코 사실이 아닙니다.

누군가 오랜 바람이 이루어져 목적을 달성하고 사회에서 성공했다며 칭송받는다고 해봅시다. 하지만 자기 안에 깊은 충만과 고요한 기쁨이 없다면 무슨 의미가 있을까요? 겉으로는 성공했어도 마음이 늘 허기진 사람이 적지 않습니다. 그 허기를 쾌락이나 사치로 채울 수는 없습니다. 쾌락은 상품화된 오락일 뿐, 시간과 장소의 제약 속에서 금세 사라져버리고 맙니다. 그러나 사랑은 다릅니다.

여기서 말하는 사랑은 누군가에게서 받는 감정이 아닙니다. 자기 안에서 흘러나오는 사랑입니다. 사랑할 수 있는 사람은 지금까지 자신이 겪은 진실한 경험에서 이 사실을 몸으로 체득합니다. 그래서 애초에 목적이나 수단을 따지지 않습니다. 그저 사랑할 뿐입니다. 그 사랑은 깊은 기쁨이 되어 자신에게 되돌아오죠.

그래서 눈앞에 보이는 대상을 목적과 수단으로 갈라놓고 공략하려는 이들과는, 세계를 바라보는 시선 자체가 근본적으로 다를 수밖에 없습니다.

③ 새로운 지각이 생겨 즐거움의 폭이 넓어진다

누군가를 사랑한다는 뜻은 '새로운 지각'을 얻는 일과 같습니다. 사랑 안에서는 상대에게서 이전에는 보이지 않던 의미와 아름다움 그리고 고유한 가치를 발견하는 눈이 생깁니다. 그 가치는 사랑하지 않는 사람의 눈에는 결코 보이지 않습니다. 많은 철학자가 "사랑은 창조적이다"라고 말했던 이유도 이런 까닭입니다.

사랑하는 사람에게서 드러나는 아름다움이나 가치는 세속적으로 정해진 기준이나 통념과는 전혀 겹치지 않습니다. 오히려 훨씬 더 넓고 풍요로운 차원으로 확장됩니다.

예를 들어 병들거나 장애를 겪는 개나 고양이는 애완동물 시장에서 가치를 인정받지 못합니다. 그러나 사랑하는 사람의 눈에는 존재 자체만으로도 귀엽고 아름다워 오히려 고유한 개성으로 빛납니다. 그렇게 더욱 함께하고 싶은 동반자로 지내죠.

사랑할 때 우리는 갓난아이와 같은 상태가 됩니다. 눈앞의 사물과 상황, 상대를 그저 그대로 보고 기뻐하죠. 무언가 이득을 얻었기 때문도 아니고, 상대가 특별히 훌륭한 반응을 보였기 때문도 아닙니다. 그저 존재한다는 사실 자체로 기쁩니다.

이것이야말로 온전한 현실의 수용이며, 동시에 삶 전체를 향한 긍정입니다. 이 긍정은 우리가 흔히 '행복'이라고 부르는 상태입니다.

반대로 자신을 불행하다고 여기는 사람은 어떤 일에도 부정적으로 반응합니다. 기뻐할 줄 모르고 현실을 긍정하기는커녕 인정조차 못하죠. 그러니 불행은 더욱 깊어지고 기쁨에서 멀어지는 끝없는 악순환 속으로 빠져듭니다.

④ 다양한 가치 기준을 미리부터 갖지 않게 된다

사랑에서 새로운 창조력을 얻은 사람은, 세속적 사람들과는 다른 차원으로 기쁨의 세계에 발을 들여놓습니다.

여기서 '사랑이 세계를 바꾼다'라는 말은 물리적인 풍경이 달라진다는 뜻이 아닙니다. 자신의 눈에 비치는 세계가 달라진다는 뜻입니다. 그 변화는 삶 전체의 태도를 바꿉니다.

만약 굳어진 가치만을 고집하거나 이미 정해진 틀 속에만 안주한다면 어떻게 될까요? 그 기준에서 벗어난 타인을 받아들이지 못하고 배제하려는 태도가 강해집니다. 그렇게 되면 사랑의 가능성은 점점 좁아질 수밖에 없습니다.

이런 집단 사회 속에 사는 사람들은 설령 같은 집단에 속했다고 해도 진정으로 사랑하는 경우가 드뭅니다. 왜냐하면 그들은 상대를 인간 자체로 보지 않고, 혈통이나 연줄, 재산이나 사상 같은 속성을 먼저 점검해 자기 기준에 맞는지를 따지기 때문입니다.

설령 누군가가 한때 진짜 사랑을 알았다 해도, 생활 속에서 세속적 가치관에 쉽게 동조하는 습관이 이어지면, 사랑을 모르는 사람이 되고 맙니다. 무리에 기대어 살아가는 삶, 바로 이 지점에 부화뇌동의 위험이 도사립니다.

덧붙이자면, 누가 사랑할 수 있는 사람인지 아닌지를 분별할 수 있습니다. 그러나 이는 자신이 먼저 사랑하는 사람일 때만 알 수 있습니다. 경험을 해본 사람만이 또 다른 진실한 경험을 민감하게 알아차리는 법과 같습니다.

사랑하는 사람의 전부를
알려 하지 않는다

　사랑하는 능력이 깊어지면, 상대를 대하는 태도가 세속적으로 보는 방식과는 사뭇 달라집니다.
　그 특징을 정리하면 이렇습니다.

- 더 이상 상대의 모든 걸 알려고 하지 않는다.
- 함께 현재를 살아가며, 경험의 기회를 늘려 간다.
- 무엇이든 억지로 말로 바꾸어 이해하려 들지 않는다.
- 자타의 경계를 잊고 같은 걸 함께 느낀다.
- 상대 안에서 빛나는 인간다움 그 자체를 마주한다.

○ **상대를 알고 싶다는 말의 함정**

사랑하는 사람을 더 깊이 알고자 하는 마음은 누구에게나 자연스럽게 일어나는 욕구입니다. 많은 사람들이 고개를 끄덕이겠죠. 그러나 그 마음이 곧장 캐묻기와 파고듦으로 이어진다면 어떻게 될까요? 이는 대단한 실수입니다. 상대는 마치 신발을 신은 채 거칠게 집안으로 침입하는 침입자로 여길 테니까요. 그로 인해 불쾌함이나 상처를 느낀다면 너무나 자연스러운 일입니다.

잊지 마세요. 상대를 '안다'라는 말은 억지로 숨겨진 면을 드러내거나, 아직 밝히지 않은 과거를 캐낸다는 뜻이 절대 아닙니다.

그럼에도 연인이나 부모 가운데는 "너를 더 잘 알고 싶어서" 또는 "정말 사랑하니까"라는 명분으로 상대를 모조리 알려고 드는 경우가 많습니다. 사랑이 아니라 상대를 해부해 점수를 매기려는 폭력에 불과합니다.

설령 그런 행동을 직접 하지 않는다 하더라도, '알고 싶다'라는 욕망이 마음속에 피어날 때 어떤 '앎'을 향하는지 살펴볼 필요가 있습니다. '알고 싶다'라는 마음은 두 가지 중 한쪽으로 기울기 마련입니다.

첫 번째 '앎'은 머리로 이해하는 지식입니다. 어떤 걸 대상화하여 파악하고 그 일반적인 구조나 앞뒤 관계, 인과를 이해한다는 의미입니다. 발견하거나 폭로해서 얻어지기도 합니다. 반면, 두 번째 '앎'은 두 사람이 서로 스며들 듯 어우러지는 경험 속에서 비롯됩니다.

이처럼 두 가지 '앎'은 알고자 하는 태도가 전혀 다릅니다. 첫 번째 앎은 논리와 이치의 틀 안에서 이루어지는 이해의 방식입니다. 글이나 숫자, 그림 등을 배워 명확하고 체계적으로 표현한 지식으로 '형식지'라고도 부르죠. 사회에서 경제 활동을 할 때 곧바로 쓸모가 있다 보니 교육기관은 예부터 이쪽 훈련에 힘을 기울여 왔습니다.

두 번째 앎은 몸으로 체득되는 지식, 곧 '암묵지'[29]입니다. 교실에서 배울 수는 없지만 이것이야말로 우리 삶을 떠받치는 근본이자 현실 속에서 윤리와 감성을 길러내는 힘입니다.

특히 누군가와 소통할 때, 예술 작품을 감상할 때, 세련된 감각이 요구될 때, 사물과 도구를 자기만의 감각으로 다룰 때 이 앎은 빛을 발합니다.

---

29   암묵지(Tacit Knowledge): 헝가리 출신의 과학철학자 마이클 폴라니가 제창한 개념으로, 경험과 직관을 통해서만 얻어지는 감각적 지식을 뜻한다. 흔히 말하는 '직감' 역시 암묵지에 해당한다. 이 암묵지를 언어로 상세히 설명하기란 불가능하다.

모네[30]의 후기 연작 〈수련〉이나 〈대성당〉을 떠올려보세요. 우리는 그 소재나 제작 배경을 첫 번째 앎, 그러니까 '이해의 앎'으로 설명할 수 있습니다. 평론가나 큐레이터의 해설도 대부분 이런 언어로 이루어집니다.

그러나 두 번째 앎, '감성의 앎'으로 그림을 바라본다면 이야기는 사뭇 달라집니다. 작품 속으로 빨려 들어가듯 깊이 빠져들며, 말로 다 옮길 수 없는 감동을 체험하게 되니까요. 이는 지극히 개인적이며 오직 삶 속에서만 마주할 수 있는 특별한 경험입니다.

사랑도 이와 다르지 않습니다. 사랑하는 순간 우리는 상대 안에서 인간 그 자체를 경험합니다. 그러나 그 경험을 개념이나 정의로 환원해 설명할 수는 없습니다. 사랑은 언어의 울타리를 넘어서기 때문입니다.

---

30 클로드 모네(1840~1926)는 프랑스를 대표하는 인상파 화가이다. 대표작으로는 〈풀밭 위의 점심식사〉, 〈까치〉 등이 있다.

자기 중심에서
상대 중심으로

⋮

앞서 말씀드린 두 가지 '앎'의 태도는 전혀 다른 길로 향합니다. 상대를 이성적 관점으로만 바라보면 태도는 결국 자기 중심으로 흐를 수밖에 없습니다. 반대로 감성적 관점을 발휘해 상대를 바라보면 자연스레 상대 중심으로 태도가 기울게 되죠.

자기 중심의 태도란 무엇일까요? 그것은 상대의 한 부분만 억지로 자기 지식의 틀 속에 끼워 맞추고, 그 조각만을 전체라고 단정하며, 자신을 심판자처럼 세우는 태도입니다.

이에 비해 상대 중심의 태도란, 단순히 상대만을 절대적으로 앞세운다는 뜻이 아닙니다. 자신과 상대가 온전히 함께 살아가는 태도를 말합니다. 그 순간 우리는 상대와 더불어 체험 속으로 녹아들고, 스스로에 대한 의식은 옅어지며, 자아가 부드럽게 사라집니다.

상대가 사람이 아니라 동물이라고 해도 마찬가지입니다. 강아지가 온몸으로 기쁨을 표현하며 들판을 달릴 때, 함께 뛰다 보면 우리도 모르게 그 기쁨에 휩쓸립니다. 숨이 차오르고 땀이 흘러내리는 순간, 강아지와 나란히 서서 수도꼭지에서 쏟아지는 찬물을 벌컥벌컥 마시며 서로 마주 보고 웃을 때를 상상해보세요.

바로 그 순간, 우리는 분명히 세계 속에 있고, 그 세계를 온몸으로 체험하며, 살아 있다는 기쁨을 맛봅니다. 그것이 즐거움이든 슬픔이든 상관없습니다. 살아 있다는 체험 속에서 우리는 사랑이 자리 잡고 있음을 느낍니다.

이런 상태가 늘 이어지진 않습니다. 몸과 마음의 상태에 따라 옅어지기도 하고, 다시 자기 중심으로 기울기도 합니다. 하지만 중요한 사실은 그런 체험이 실제로 우리 안에 존재한다는 점입니다.

반대로 이성적 관점만으로 사물을 바라보는 사람은 이렇게 묻곤 합니다.

"그런 경험에 무슨 의미가 있지? 어떤 생산적 가치가 있지?"

그들은 글로 적을 수 있는 것만 받아들이고, 의미와 가치마저 자기 잣대로만 재단하려 듭니다. 이것이 바로 자기중심의 병이라 할 수 있습니다.

○ **솔직하고 자유로운 삶의 방식**

인생의 의미나 가치를 따지려는 사람도 크게 다르지 않습니다. 인생을 하나의 덩어리처럼 다루며 점수를 매기려 듭니다. 살아온 날들을 끝없이 분석하고 해석하려는 사람들은 대체로 불안합니다. 왜냐하면 상대에게 진심으로 녹아들지 못했기 때문입니다. 함께 있으면서도 솔직한 마음을 꺼내놓지 못합니다. 또는 연기하거나 말이죠. 결국 그들은 자기 자신을 속이는 셈입니다.

이처럼 자신을 꾸며내는 사람은 의외로 많습니다. 상대 앞에서 가짜 이미지를 보여주는 일이 습관이 되면, 연애도 흉내가 되고, 결혼도 흉내가 되고, 심지어 일조차 흉내로 그치게 됩니다. 그러다 보니 남을 은근히 따라 하거나, 본보기를 찾지 못하면 온갖 노하우에 매달리게 됩니다. 결국 자기 삶은 사라지고 남의 삶을 베껴 살죠. 오늘날 각종 노하우 산업이 판치는 현상도 이 때문입니다.

불안만 낳는 이런 거짓된 삶보다는 차라리 자기 감성에 솔직하게 있는 그대로 살아가는 편이 훨씬 자유롭고 편안합니다. 그렇게 살아갈 때 하루하루는 저마다 다른 빛깔을 지닌 진실한 경험을 이뤄갑니다.

이런 삶의 방식이야말로 자기 안의 인간적 매력을 빛나게 하고, 동시에 상대 안의 인간적 매력도 발견하게 돕습니다.

누구에게도
휘둘리지 않는 세계

:
:

　세상에는 우리가 사랑하는 능력을 자라지 못하게 가로막는 장애물이 있습니다. 여기서 그 특징을 살펴보겠습니다. 바꿔 말하면 우리가 경계해야 할 성향들이기도 합니다.
　한마디로 요약하자면 '모든 의미에서의 협소함'입니다. 시선의 협소함, 사고의 협소함, 방법의 협소함…. 이런 마음들은 사람이 지닌 가능성을 움트는 싹조차 비좁은 틀에 가두어 성장을 막아버립니다.
　이러한 협소함은 '이 일은 반드시 이렇게 해야 한다'라는 강요로써, 모두가 당연히 여기는 가치관 속에 숨어서 우리를 옭

아매곤 합니다.

학교 교육 역시 이런 협소함을 강화합니다. 특히 관제 교육은 '정답은 오직 하나'라는 사고방식을 주입하기에 여념이 없습니다. 거기에 덧붙여 학교에서 배우는 윤리관은 시대의 정치 체제에 맞추어졌을 뿐, 인간의 보편적 진리와는 다소 거리가 멉니다. 결국 학생들의 사고와 행동, 더 나아가 전망과 가능성까지 제한됩니다. 그럼에도 이 좁디좁은 방법을 오히려 귀하게 여기는 사람들이 태반입니다.

○ **'살아 있는 나'로 살아갈 권리**

협소함에 사로잡힌 사람은 더 나은 가치 또는 가장 높은 정상에 이르는 길은 좁을 수밖에 없다고 믿습니다.

불교에서 깨달음을 얻는 사람이 극히 드물고, 각 예술 분야에서 대가나 명인이 손에 꼽힐 만큼 적은 까닭도 놀라운 일이 아닙니다. 사람들은 모든 일에 피라미드형 꼭짓점이 있다고 믿으니까요. 정상에 오를 수 있는 이는 단 한두 명뿐이고, 그 자리에 오른 사람은 특별한 가치를 지니며 높은 보수를 받아야 마땅하다 여깁니다.

이런 사고는 모든 분야를 경쟁과 선발로 채우고 원뿔형 서열 사회를 굳건히 만듭니다. 사회 전반에 이미 그런 구조가 스며들었고 많은 이들이 그 구조가 당연한 질서라 여기며 살아갑니다. 심지어 스스로 서열의 중간쯤 또는 조금 위에 있다고 믿으며 안주하는 사람들이 얼마나 많은지 모릅니다.

그들은 이 세계에는 확고한 질서가 존재하며 질서를 결코 흔들어서는 안 된다고 굳게 믿습니다. 바른 인사법, 올바른 예절, 규정된 삶의 방식이 오랜 전통으로 이어져왔으니 그대로 따라야 한다고 생각합니다. 흡사 모든 일에 '순수한 규격'이라도 존재한다는 듯 말입니다.

그런 믿음 속에서 살아가는 삶은 어떨까요? 일곱 살 무렵부터 고개를 숙인 채 평생을 사는 모양과 크게 다르지 않습니다. 얼굴이 늘 아래로 향했는데 한 번이라도 뛰어오를 수 있을까요? 태양도 별도 구름도 새도 그 무엇도 보지 못했을 테죠.

그렇게 살아가면 사랑하는 능력은 움츠러들고 맙니다. 더 근본적인 문제는 따로 있습니다. 자신이라는 존재가 어디에도 보이지 않게 된다는 점입니다. 그때 '살아 있는 나'는 나라는 고유한 존재가 아닙니다. 조직이나 집단의 밑둥에 붙은 작은 부품일 뿐입니다. 사람이기는 하나, 조직 속에서는 그저 교체 가능한 부품으로 취급됩니다. 과연 이런 상태를 '살아 있다'라고 부를 수 있을까요?

○ 진정한 경험 위에 쌓인 흔들리지 않는 인생

왜 인생이 힘들고 고되게 느껴질까요? 능력이 부족해서도 아니고, 처지가 불운해서도 아닙니다.

인생에는 단 하나의 길만 존재한다고 믿고, 그 길만이 옳다고 단정하기 때문입니다. 다른 사람들은 아무렇지 않은 얼굴로 걸어가는데, 자기만 그 길에서 비켜난 듯 보이면 불안해집니다. 누군가 그것을 지적하기라도 하면 깊은 절망감에 빠집니다.

그 길은 결국 세상이 정한 길일 뿐입니다. 겉만 번지르르하게 포장되었지, 내 발에 맞춘 길도 아니고 내가 새롭게 개척한 길도 아닙니다. 그렇다면 수많은 사람의 뒷모습을 쫓으며 터벅터벅 걸어가는 삶이 과연 나의 삶이라 할 수 있을까요?

사람은 왜 그토록 좁은 길만을 향하려 하고, 거기에만 가치가 있다고 착각할까요? 그 까닭은 많은 사람들이 '결핍의 가치'에 갇혔기 때문입니다. 결핍에 지배된다는 말은 '이게 부족하다, 저게 없다'라는 생각에 빠져, 자신에게 없는 무언가를 더 귀하게 여겨서 욕망이 더욱 불타오르기 때문입니다.

풍요를 동경해서 자기 내면을 채우려는 시도가 아닙니다. 남이 가진 걸 풍요의 상징처럼 여기며, 똑같이 갖고 싶은 마음

일 뿐이죠. 이런 동기는 아주 낮은 차원의 욕망에 지나지 않습니다. 상품 광고에 유명한 미인을 내세우는 일도 상인들이 이 심리를 꿰뚫고 움직였기 때문입니다. 그 방식에 그대로 끌려간다면 지배욕을 가진 타인에게 조종당하는 모습과 다르지 않습니다.

우리가 진정한 사랑을 필요로 하는 이유는 분명합니다. 자기만의 방식으로 사랑할 때만, 누구에게도 휘둘리지 않는 세계를 스스로 만들 수 있으니까요. 세상의 기준이 아니라, 내가 창조하는 새로운 세계, 마치 모래언덕 위에 세워진 또 하나의 세계와 같습니다.

그렇기에 사랑하는 일은 다른 누구와도 닮지 않은 자신을 온전히 살아내며, 진정한 경험을 차곡차곡 쌓아가는 과정입니다.

철학자들의 사랑 수업 4

나는 행복한 사람들을 알았다. 그들은 전일(全一)이기에 행복한 것이다. 아무리 보잘것없는 인간이라도, 전일로 살아간다면 행복할 수 있으며 그만큼 완전해질 수도 있다.

『괴테 전집 15』에 수록된 이 구절은 괴테가 한 여성에게 보낸 편지 중 한 문장입니다. 그는 긴 여행을 하면서 만난 이탈리아 서민들의 삶에서 깊은 감명을 받았습니다. 그들의 생활에는 '인생을 향한 사랑'이 깃들어 있었습니다.
  괴테가 말한 '전일(全一)'이란 무엇일까요? 전일은 곧 자기 자신을 모순 없이, 있는 그대로 살아내는 삶입니다. 꾸밈도 거짓도 없이 있는 그대로의 모습으로 사는 것. 그렇게 살기 위해서는 자기 자신을 충분히 사랑해야 합니다. 그 사랑이야말로 행복으로 향하는 문을 열어줍니다.

우리는 우리가 알고 있는 것만 사랑할 수 있고, 사랑하지 않는 것은 완전히 알 수 없다.

『영원한 철학』에 나온 헉슬리[31]의 이 말은 사랑과 앎이 서로 떨어질 수 없음을 보여줍니다. 누군가를 사랑할 때, 곧 그를 더 깊이 알고 싶어 한다는 뜻입니다.

억지로 '사랑해야 한다'라고 결심할 필요는 없습니다. 알면 알수록 마음은 자연스레 사랑으로 기울어갈 테니까요.

그래서 가까운 가족이나 친구에게서 사랑을 배우는 일은 당연한 이치입니다. 아이들이 가장 먼저 배우는 사랑 역시 바로 이 과정에서 비롯됩니다.

헤르만 헤세는 『사랑할 줄 아는 사람은 행복하다』에서 이렇게 말했습니다.

> **사랑이란 다른 모든 진정한 가치 있는 것과 마찬가지로, 돈으로 살 수 있는 것이 아니다. 살 수 있는 쾌락은 있겠지만, 돈으로 쾌락은 살 수 있어도 사랑만큼은 절대 살 수 없다.**

돈으로 금이나 다이아몬드를 살 수는 있습니다. 그러나 그 순간 인간이 갑자기 존귀해지는 기적은 일어나지 않습니다.

---

[31] 올더스 헉슬리(1894~1963)는 영국 출신의 작가이자 시인이다. 스스로 약물을 사용하며 정신세계를 탐구했다. 주요 저서로 『멋진 신세계』, 『영원의 철학』 등이 있다.

가치에는 두 층위가 있습니다. 하나는 시장에서 값을 매길 수 있는 것, 다른 하나는 한 사람이 그 존재 자체로 드러내는 고유한 가치입니다.

후자의 가치는 단숨에 얻어지지 않습니다. 평생에 걸쳐 조금씩 쌓아가야 합니다.

헤세가 말한 '진정한 가치'가 바로 그것입니다. 학력이나 직함이 아무리 화려해도 이 가치를 지니지 못한다면, 그 삶은 공허한 껍데기에 불과합니다.

5장

사랑, 사람 그리고 삶을 이해하는 법

사랑을 다시 되찾는 길

있는 그대로
사랑하라

사람은 누구나 사랑의 씨앗을 품고 태어납니다. 그러나 그 씨앗을 가꾸지 않는다면 어떨까요? 이름만 씨앗일 뿐, 실제로 꽃피우기는 쉽지 않겠죠.

사랑하는 능력을 키우는 방법은 크게 네 가지입니다.

① 맑은 감각으로 세계를 바라보기
② 몰입하기
③ 생각 비우기
④ 홀로 고요한 시간 갖기

문제는 이 네 가지가 요즘처럼 소란스러운 시대에서는 좀처럼 지켜지지 않는다는 데 있습니다. 자본주의 사회가 끊임없이 탐욕과 경쟁을 부추기며, 우리 생활 구석구석까지 깊숙이 파고드니까요. 그래서 우리는 점점 사랑하기가 힘들다고 느낍니다.

그렇다면 어떻게 해야 할까요? 이제부터 이 네 가지를 하나씩, 차근차근 짚어가며 살펴보겠습니다.

① 맑은 감각으로 세계를 바라보기

사람들은 흔히 자신이 이 세계와 타인을 있는 그대로 본다고 생각합니다. 실제로는 그렇지 않습니다. 우리가 무엇을 보는 순간, 머릿속에는 저장된 이미지와 관념, 기억이 동시에 떠오릅니다.

길에 떨어진 지폐를 본다고 해봅시다. 지폐가 그저 종이로 보일까요? '얼마 짜리일까?', '누가 흘렸을까?', '줍는 게 이익일까 손해일까?' 하는 계산이 먼저 떠오를 겁니다.

이처럼 우리는 대상을 있는 그대로 보는 대신, 그게 내게 이득인지 손해인지, 도움이 될지 피해가 될지를 저울질합니다. 내가 보는 대상은 그 자체가 아니라 '나와의 관계'인 셈입니다.

그뿐만 아니라 본 것과 유사한 과거의 기억까지 소환하기도 합니다. 그렇기에 눈앞의 현실은 흐릿해지고, 기억이나 인상에 시선이 쏠리면서 감정이 요동칩니다.

사람의 눈은 카메라 렌즈가 아닌 뇌와 밀접하게 연결된 기관입니다. 그래서 누군가는 망막에 비치지 않은 무언가도 볼 수 있다고 착각합니다. 유령, 괴물, 신이나 악마를 본다고 말하는 경우가 그렇습니다.

인간이 가진 이 기묘한 인식 방식을 일찍이 주목한 인물이 13세기의 선승 도겐[32]이었습니다. 그는 『정법안장』[33]에서 이렇게 말했습니다.

자기 안에 있는 걸 배열해놓고 그걸 세계라 여긴다.

그렇습니다. 우리는 사물과 현상을 있는 그대로를 보지 않고, 자기 안에서 보고 싶은 대로 배열해서 바라봅니다. 말하자면 인식이란 외부를 보는 눈이 아니라, 자기 내부를 비추는 눈입니다. 그래서 같은 대상을 바라보아도 사람마다 경험과 지

32 　도겐(1200~1253)은 가마쿠라 시대 초기의 선종 승려로 선불교의 한 분파인 조동종을 일본에 전파했으며 후쿠이현에 있는 사찰 에이헤이지를 설립했다.

33 　『정법안장(正法眼藏)』은 도겐이 여러 해에 걸쳐 집필한 저술로 미완으로 남았다. 좌선을 통한 깨달음 실천을 강조하고 조용한 수행과 내면 탐구를 강조했다.

식, 기억, 현재 어디에 관심이 가는지에 따라 전혀 다른 인상을 받습니다.

본래 세계는 눈앞에서 벌어지는 사실일 텐데, 우리는 머릿속에서 펼쳐지는 생각을 세계라 착각하며 그 환영 속에서 스스로 마음을 흔들기도 합니다.

예를 들어 어떤 여성이 "어떤 남성이 자신을 끈적한 시선으로 바라봤고, 그 남성이 자신을 성적 대상으로 봐서 불쾌하다"라고 말한다고 해봅시다. 실제로 그 남성이 바라본 대상은 그녀 한 사람만이 아니라, 자기 마음속에 자리한 '성적 여성상'이었을 가능성이 큽니다.

그 남성의 시선을 불편해하는 그녀 또한 마찬가지입니다. 시선을 느낀 순간 '성적 대상이 된 자기 모습'을 떠올렸기에 불쾌감을 느낀 겁니다.

그녀가 단순히 '낯선 남자가 이쪽을 바라본다'라고만 받아들였다면 어땠을까요? 신경이 쓰일지언정 혐오감까지는 생기지 않았을 테죠. 타인의 시선을 의식하는 순간, 머릿속에 떠오르는 이미지를 함께 보았기에 불쾌해했습니다. 즉 그녀의 불쾌감은 자신을 바라보는 남성뿐만 아니라, 자기 안에서 떠오른 이미지와 기억에도 동시에 향한 셈입니다.

이처럼 각기 다른 인식 방식들은 연애나 인간관계에 종종 문제를 일으킵니다. 이를테면 누군가와 교제할 때 우리는 눈앞에 실존 인물만이 아니라, 지금껏 마음속에 그려온 상상의 이미지를 함께 그립니다. 그 점을 자각하지 못하면, 어느 날 불현듯 상대가 달라졌다고 느끼거나 변했다고 생각합니다.

물리적으로 떨어져 있을 때는 이런 문제가 더욱 커집니다. 특히 SNS 같은 매체에서 문자만으로 소통하는 경우, 상대는 상상 속 이미지로 완벽하게 대체되곤 합니다. 그래서 더 쉽게 오해와 갈등이 생기고 맙니다.

연애든 인간관계든 금세 지치는 까닭은 이런 인식 착오와 오해 때문만은 아닙니다. 여기에 자존감이나 인정 욕구까지 얽히면서 관계는 더 복잡해집니다. 그래서 인간관계란 무엇보다 까다롭고 끝내 깊은 피로감을 불러오기 십상입니다.

우리가 동물에게 위안을 느끼는 이유가 뭘까요? 동물과 함께할 때는 인간관계처럼 복잡한 마음이 없기 때문입니다. 동물은 인간처럼 왜곡된 시선이 아니라, 있는 그대로 우리를 바라보니까요.

그렇다면 '있는 그대로 바라본다'라는 시선을 동물적이고 원시적인 태도로 치부해야 할까요? 아닙니다. 오히려 있는 그대로 바라볼 때, 삶은 지금보다 훨씬 편안해집니다. 그렇다면 우리도 개나 고양이처럼 보이는 현상 그대로 인식해도 괜찮을 겁니다.

'인식을 있는 그대로 두라'라는 가르침은 오래전부터 전해져 내려옵니다. 예수는 "내일 일을 걱정하지 말라"라고 했고, 부처는 "번뇌를 버려라"라고 일렀습니다.

여기서 말하는 '걱정'이나 '번뇌'란, 머릿속에서 끝없이 이어지는 잡다한 소음들을 뜻합니다. 그것들은 실제가 아닙니다. 헛된 생각들을 놓아버리기만 해도 고통은 크게 줄어들지만, 사람들은 여전히 끝없는 고민 속에서 스스로를 괴롭히며 살아갑니다.

이럴 때 예수는 기도를 권했습니다. 이는 단순히 '믿음을 가져라'라는 뜻만은 아니었습니다. 기도가 명상하는 방식이었기 때문입니다. 기도하는 순간, 어지럽던 생각은 차분히 가라앉습니다.

명상도 다르지 않습니다. 명상이란 '생각을 고요히 가라앉히는 일', 다시 말해 사물을 있는 그대로 바라보는 일입니다. 마음속에 솟아나는 잡다한 생각을 조용히 내려놓을 때, 우리는 비로소 현실을 또렷하게 마주하게 됩니다.

명상을 하면 깨달음을 얻어 성스러운 인물이 된다고 믿는 사람들도 있지만, 사실은 그렇지 않습니다. 그저 뒤엉킨 인식을 벗겨내고 현실을 있는 그대로 바라볼 때의 충격이 워낙 크기에 신비한 체험처럼 느껴질 뿐입니다. 그것은 마치 진흙탕 속에서만 살던 물고기가 맑은 물로 들어섰을 때 느끼는 벅찬 놀라움과도 비슷하죠.

② 몰입하기

앞서 말한 명상은 인식을 바로 세우고 세계를 바라보게 하는 하나의 길입니다. 그런데 명상은 옛 선승들처럼 반드시 앉아서만 하지는 않습니다. 몸이 불편해서 앉을 수 없는 사람도 얼마든지 다른 길이 열려 있습니다.

그 길은 바로 '몰입'입니다. 어떤 일에 깊이 빠져드는 일, 이는 명상을 하는 또 다른 방법입니다. 기도 역시 그 첫 번째 방법입니다. 무엇에 몰입해야 할지 굳이 따질 필요도 없습니다. 어떤 일이든 스스로 선택해 온전히 빠져들면 충분합니다.

누군가는 그 일을 단순하다 여기고, 다른 누군가는 어렵다 느낄 겁니다. 하지만 머릿속으로만 이리저리 궁리한들 아무것도 달라지지 않습니다. 생각을 멈추고 그냥 해보세요. 그러다 보면 인식은 자연스레 맑아지고 삶은 훨씬 더 편안해집니다.

다만 지나치게 긴장을 요구하는 일은 피하는 편이 좋습니다. 단순한 일일수록 몰입하기 쉬우니까요. 땀이 살짝 배어날 정도의 단순한 작업이 알맞습니다. 목적 없이 발길 닿는 대로 걷는 산책도 좋습니다. 풍경을 바라보며 몰입할 수도 있고, 풀꽃이나 작은 곤충을 들여다보며 몰입할 수도 있습니다. 그림 감상 역시 좋은 방법이지만 도심 속 미술관처럼 사람들이 붐비는 공간이라면 몰입하기가 쉽지 않을 수 있습니다.

③ 생각 비우기

무엇보다 끝없이 이어지던 잡다한 생각을 내려놓는 시간이 중요합니다. 그 순간이 바로 명상으로 들어가는 문을 만들어 줍니다.

이를 위해서는 홀로 머무는 시간이 필요합니다. 조용한 환경에 자신을 두고, 모든 전자기기는 꺼야 합니다. 전화벨이 울릴 때마다 곧장 받아야 하는 처지라면, 진정한 고요는 결코 찾아오지 않을 겁니다.

설령 주변이 고요하다 해도 마음이 소란하다면 허사입니다. 마음이 고요해지려면 생각이나 걱정으로는 현상을 바꿀 수 없다는 사실을 먼저 인정해야 합니다. 이는 체념이 아니라, 현상을 있는 그대로 받아들이는 단순한 태도입니다.

그러나 이 단순한 일을 해내는 사람은 많지 않습니다. 대부분은 머릿속에서 소란스레 춤추는 환영을 붙잡습니다. 불량한 아들을 두둔하며 '이 아이만은 다를 거야'라고 믿는 어머니의 마음이 그 전형입니다. 그녀의 눈에는 이미 자란 아들이 아니라 여전히 어린 시절 아들이 겹쳐 보이기 때문입니다.

또 어떤 사람은 자기 일이 남들과 다르지 않아 보여도 사실은 특별한 의미가 있다고 믿습니다. 하지만 그것 역시 현실을 제대로 보지 못하는 태도에 지나지 않습니다.

망상을 버리고 현상을 그대로 받아들이려면 어떻게 해야 할까요? 아무리 생각하고 걱정해도 결국은 그렇게 될 수밖에 없던 경험을 떠올리면 도움이 됩니다.

아울러 사물을 내 뜻대로 조종할 수 있다는 믿음 또한 내려놓아야 합니다. 세상 만사가 자기 뜻대로만 이루어진다면, 자연의 법칙을 거스르는 일이 됩니다. 그 얼마나 오만한 생각인가요.

한편, 평소 책 읽는 습관은 마음을 고요히 다스리는 데 큰 도움이 됩니다. 마음이 어지럽다면 어떤 책도 집중해서 읽기 어렵겠죠. 독서는 곧 마음을 다스리는 길입니다. 그래서 책을 읽는 이는 읽지 않는 이와 달리 느긋하고 평온한 기운을 풍기곤 합니다. 내면의 상태가 겉모습에 스며든 까닭입니다.

④ 홀로 고요한 시간 갖기

사랑하는 능력의 바탕에는 언제나 진정한 경험이 있습니다.

그리고 그 경험을 얻으려면 집중과 몰입이 필요합니다. 그렇다고 하루 종일 무언가에 매달려야 한다는 뜻은 아닙니다. 어떤 일이든 한 가지에 온전히 마음을 기울이는 순간만으로도 충분합니다. 그 순간 집중이 무엇이고 몰입이 무엇인지 몸으로 알게 됩니다.

가장 좋은 상태는 '집중해야지' 하고 억지로 애쓰지 않아도, 문득 '아, 내가 여기에 푹 빠져 있었구나' 하고 깨닫는 경우입니다. 이런 경험을 단 한 번이라도 하면, 그다음부터는 훨씬 더 자연스럽게 몰입하게 됩니다.

자신이 몰입했는지를 확인하는 방법은 단순합니다. 시간이 어떻게 흘렀는지 잊어버렸다면, 몰입했다는 뜻입니다. 더 깊이 들어가면 시간뿐만 아니라 장소조차 잊게 됩니다. 문득 고개를 들었을 때, 지금 내가 어디 있는지조차 잠시 알아차리지 못한다면, 그것이 바로 완전한 몰입의 상태입니다. 이러한 순간이 거듭될수록 집중의 시간은 점점 더 자주 우리를 찾아옵니다.

상대에게 순수하게
몰입하라

　사랑하는 힘을 기르려면 집중과 몰입이 필요하다고 했습니다. 그런데 이것이 특별한 재능을 지닌 사람만 가능한 일일까요? 그렇지 않습니다. 몰입은 어떤 특별한 능력이 아니라, 그저 한 가지 일에 마음을 모으면 누구나 경험할 수 있는 자연스러운 상태입니다. 오히려 집중과 몰입 없이는 그 어떤 일도 제대로 해낼 수 없습니다.
　일상을 떠올려보세요. 일할 때, 요리나 청소를 할 때, 누군가의 이야기를 들을 때도 집중하지 않는다면 잘될 리가 없습니다. 전화 통화는 더욱 그렇습니다. 잠깐이라도 집중력이 흐

트러지면 상대가 하는 말을 놓치고 맙니다. 머리를 써야 하는 게임은 또 어떤가요? 집중하지 않으면 순식간에 패배가 찾아옵니다.

무엇을 하든 상관없습니다. 핵심은 단 하나, 그 순간만큼은 집중하는 겁니다. 집중하면 몰입으로 이어지고 그 과정에서 효율은 저절로 높아집니다. 자신의 능력 또한 한층 넓어집니다. 계산해서 얻는 결과가 아니라, 몰입하면 스스로 결실을 맺게 됩니다.

이렇게 집중과 몰입을 거듭하면, 강하든 약하든 결국 반드시 체험하게 되는 한 가지가 있습니다. 바로, 자신과 대상이 하나로 녹아드는 감각입니다.

그 순간에는 둘 사이에 거리가 사라지고 '내가 무엇을 한다'라는 의식조차 없어집니다. 단 하나, 사물이 저절로 흘러가듯 움직이는 느낌만 남습니다.

이 순간에는 '내가 대상과 하나다'라는 자각조차 없다가 그 상태에서 벗어나 현실로 돌아올 때야 비로소 알게 됩니다. 그때는 이미 시간이 얼마나 흘렀는지, 자신이 어디에 있었는지도 알 수 없습니다.

○ **나와 상대가 하나인 것처럼**

  몰입이 이어지는 동안 '나'라는 자의식은 희미해지고, 자신은 전체 속에 스며드는 감각을 맛봅니다. 이 체험은 오래전부터 여러 이름으로 불립니다. '무아지경', '초월', '환희', '도취', '황홀경', '무념', '심취', '경지'…. 서로 이름은 달라도 가리키는 바는 하나입니다.

  현대 심리학에서 '인정 욕구'라는 개념을 제시한 에이브러햄 매슬로[34]는 이런 경험을 '종교적 황홀경을 맛본 사람들의 특징'이라 기록했습니다. 그러나 종교와 무관한 사람이라도 몰입하면 충분히 이 감각을 누릴 수 있습니다.

  불현듯 자연의 아름다운 풍경에 사로잡혀, 그저 바라보는 일 말고는 아무것도 할 수 없었던 순간을 떠올려보세요. 시간이 흐른 뒤 돌아보면, 자신이 그 풍경 속에 완전히 잠겼다는 사실을 깨닫습니다. 이 또한 자신과 대상이 하나로 녹아드는 체험입니다.

---

34   에이브러햄 매슬로(1908~1970)는 러시아계 유대인 이민 가정에서 태어나 미국에서 활동한 심리학자이다. 심리학의 범위를 넘어 자기실현과 절정경험을 연구했다. 주요 저서로 『존재의 심리학』, 『동기와 성격』 등이 있다

서로에게
스며들라

:
:
:

 사랑을 명확히 정의할 수 있을까요? 불가능합니다. 사랑이란 말이나 개념으로 가둘 수 없는, 살아 있는 행위이기 때문입니다. 생과 죽음을 정의할 수 없듯, 사랑 역시 정의하려는 순간 그 틀에 갇혀 본래의 생생함을 잃고 맙니다.
 그럼에도 참된 사랑이 있다면, 그곳에는 반드시 '스며드는 마음'이 드러납니다. 자아라는 윤곽이 스스로 흩어지고, 조금 전까지만 해도 분명하던 나의 경계가 흔적 없이 사라집니다. 서로에게 스며드는 일, 그것이야말로 사랑의 본질입니다.

○ **손과 손이 맞닿은 경계가 흐려지는 경험**

   종이에 '가'라는 글자를 적고 가만히 바라보세요. 처음에는 분명 문자로 인식되지만 아무 생각 없이 시선을 풀어두면, 글자는 어느새 하나의 무늬처럼 보입니다. 그 무늬는 다시 알 수 없는 형상으로 변해가고, 그러는 사이 마치 광대한 시공간 속에 내려앉은 듯한 감각을 맛보게 됩니다. 나아가 '내가 무엇을 바라본다'라는 자각마저 사라지면서, 오래전부터 조용한 별 위에서 살아온 기분까지 느끼게 됩니다.

   처음에 '가'를 문자로 인식하고 'ga'라고 발음해야 한다고 생각한 이유는 머리로 해석했기 때문입니다. 그때는 바깥 사물을 대상으로 삼아 바라보았기에, 주체로서의 자아가 여전히 뚜렷이 작동합니다.

   그러나 생각하는 일을 멈추고 그저 바라보면, '자기'라는 윤곽은 점점 희미해지고, 보는 대상과 거리가 사라지는 차원으로 옮겨갑니다. 자아가 대상 속으로 녹아들게 됩니다.

   우리가 누군가를 사랑할 때도 이와 비슷한 일이 일어납니다. 상대를 깊이 받아들이는 순간, 손과 손이 맞닿은 그 경계조차 흐려집니다. 마치 자기 자신에게 속삭이듯, 상대에게 말을 건넬 수 있게 됩니다.

그때 우리는 다른 사람의 눈이나 인식으로는 볼 수 없는 어떤 모습을 상대 안에서 차례차례 발견합니다. 날마다 새롭게 발견하고, 좋고 싫음이나 세속적 기준으로 나누지 않으면서, 마침내 상대를 오롯이 긍정하게 됩니다.

그래서 몸이 멀리 떨어져 있어도 상대가 여전히 옆에 있는 듯 느낍니다. 심지어 그가 세상을 떠났더라도 '멀리 가버렸다'라는 감각은 없습니다. 슬픔조차 오래 머물지 않습니다. 하늘나라로 떠났다고 여기지도 않습니다. 일찍이 서로 하나로 녹아들었던 순간을 공유했으니까요. 그 감각은 결코 사라지지 않고, 그로 인해 상대는 언제나 '사랑하는 사람'으로서 언제나 존재하기 때문입니다.

내가 사랑하면 상대도 응답한다

⋮

　인간의 인식은 상대를 있는 그대로 바라보지 못합니다. 상대를 온전히 보지 않고, 내 사정과 관련된 부분만 뽑아내어 자기 입장에 맞추어 평가할 뿐입니다. 마치 집게손 같은 마법으로 대상의 작은 조각만 집어내는 느낌입니다.
　그러나 인식이 곧고 맑아지면 달라집니다. 상대를 몇 가지로 잘라내어 그 부분만 좋아하는 태도는 사라지고, 있는 그대로의 전체를 받아들이게 됩니다. 개나 고양이가 '얼굴이 못 생겼다'라는 이유로 주인을 거부하지 않는 이치와 같습니다.
　더 구체적으로 말하면, 함께 보내는 시간 전체를 삶으로 받아들이게 됩니다. 상대를 있는 그대로 이해하고, 어떤 모습이든 그 사람다움으로 기쁘게 여깁니다. 삶에 따라오는 고통과 아픔조차 함께 살아가는 순간이 의미 있게 됩니다.

왜 아픔과 고통을 멀리해야 할 대상이 아니라, 오히려 맛보아야 할 삶의 가치로 삼아야 할까요? 우리는 이미 경험으로 알고 있습니다. 힘들고 괴로웠던 순간조차 지나고 나면, 삶을 단단하게 하고 더 깊게 만드는 자양분이 된다는 사실을. 아픔과 고통은 만찬에서 빠질 수 없는 요리처럼 인생을 풍성하게 짜내는 요소입니다. 그것들을 기꺼이 받아들일 때, 인생이라는 요리에 단순한 양념이나 향신료가 아니라 훨씬 더 깊은 맛을 냅니다.

그래서 사랑하며 사는 사람에게는 인간도, 삶도 끝없이 흥미롭고 다채로운 세상입니다. 반대로 사랑하지 않으며 사는 사람에게 인생은 괴롭고 지루하고, 쉴 틈 없는 전쟁터 같은 경쟁일 뿐입니다. 곧고 맑은 눈으로 사랑하며 사는 삶은 겉보기엔 쉬워보일지 모릅니다. 그러나 인간의 깊은 곳까지 스며드는 사랑을 하기란 결코 쉽지 않습니다.

세속적 사랑은 그저 피상적인 호감에 머뭅니다. 외면의 아름다움을 으뜸으로 여기니, 사람들은 화장하고 치장하며, 허세를 부리고 학력이나 경력을 내세우려 애씁니다. 그러나 그런 사랑만으로 관계를 시작하면 어떻게 될까요? 막상 가까워지고 나면 상대의 진짜 얼굴과 내면에 놀라고 맙니다.

진실한 사랑은 다릅니다. 그 사람 자체를 향합니다. 어떻게 꾸몄는지가 아니라, 어떻게 생각하고 반응하고 살아 움직이는지를 바라보게 됩니다. 다시 말해 넓게 펼쳐진 표면을 스치는 눈길이 아니라, 깊숙이 파고드는 시선입니다.

그렇게 바라보면 상대가 앞으로 어떤 사람이 될지, 어떤 모습으로 성장할지가 눈에 들어옵니다. 이는 무척 흥미로운 일입니다. 마치 새끼 고양이의 손발이 큰 모습을 보고, 장차 건강하게 자라난다고 미리 알아채는 일과 같죠.

○ **사랑은 다채로운 세상을 열어준다**

진실하게 사랑할 때, 상대도 자연히 같은 방식으로 응답합니다. 사람은 둔감한 바보가 아닙니다. 진심을 내어주면 진심을 돌려받는 법입니다.

어떤 이들은 이런 태도를 두고 '지나치게 고상하다'라고 말할지도 모릅니다. 하지만 고상하다는 평가 또한 위아래를 가르는 세속의 잣대일 뿐입니다. 사랑하며 살아간다면 누구든 자연스레 우리가 할 수 없는 일도 하게 됩니다. 사랑은 비교와 평가가 사라진 자리에서만 시작됩니다.

애초에 사랑하며 사는 삶은 우열을 따질 대상이 아닙니다. 단순한 비교를 넘어서는 삶, 오직 사랑 그 자체로 빛날 뿐입니다.

철학자들의 사랑수업 5

내일을 가장 필요로 하지 않는 자가 가장 기꺼이 내일을 맞이한다.
_『에피쿠로스의 서간문』

내일을 가장 필요로 하지 않는 사람은 누구일까요? 바로, 계산도, 미련도, 다 하지 못한 말도, 약속도, 후회도 남기지 않은 사람입니다.

그는 오늘 하루를 충만하게 살아내고, 평온히 잠자리에 들며 속삭입니다.

"오늘도 좋은 하루였다."

그는 다름 아닌, 자기 방식으로 사랑을 실천한 사람입니다.

사랑이 없다면 인류는 결코 생명을 이어오지 못했을 겁니다. 인간은 단순히 이익을 좇거나 유전자의 명령만으로 살아가는 존재가 아니기 때문입니다.

이 점을 두고 스티븐 핑커[35]는 『마음의 과학』에서 이렇게 말했습니다.

> 사랑의 본질은 타인의 행복에 기뻐하고, 타인의 고난을 자기의 아픔처럼 느끼는 일이다. 이러한 감정은 보살핌이나 보호와 같은, 사랑받는 존재를 이롭게 하는 행동을 이끌어낸다.

핑커는 또 이렇게 말했습니다.

> 사람이 자기 아이를 사랑하는 건, (의식적이든 무의식적이든) 유전자를 퍼뜨리고 싶어서가 아니다. 그저 사랑하지 않고는 견딜 수 없기 때문이다.

에이브러햄 매슬로는 이를 두고 『종교, 가치, 그리고 절정경험』에서 이렇게 말했습니다.

> 지고한 경험을 한 사람은 더욱 사랑에 충만하고 수용력이 깊어진다. 따라서 더욱 자발적이고 정직하며 순수해진다.

---

[35] 스티븐 핑커(1954~)는 캐나다 태생의 미국 심리학자로 인간의 언어와 마음이 생물학적 진화를 거쳐 형성되었다고 주장한다. 주요 저서로 『언어 본능』, 『우리 본성의 선한 천사』 등이 있다.

'지고한 경험'이란 무엇일까요? 자신을 잊을 만큼 몰입하여, 시간과 장소조차 사라지고, 온 세계와 하나가 되는 순간입니다.

동물은 매일같이 그런 상태로 살아가고, 아이도 자주 그렇습니다. 그러나 어른은 어떨까요? 일생에 단 한두 번 맛본다면 큰 축복일지 모릅니다.

그러나 사랑이 온몸을 물들이는 그 순간, 예고도 없이 의식조차 닿지 않는 찰나에 누구에게나 불현듯 그 지고한 경험이 다가옵니다. 그리고 그 순간은 세계가 본래부터 완전했음을 일깨워줍니다.

6장

사랑이라는 세계로
돌아가는 연습

모두를 위한 행복한 삶

누군가를 위한
홀로서기 연습

⋮

누군가를 사랑하기 위해서는 먼저 '홀로 살아가는 연습'이 필요합니다. 자기 자신을 온전히 사랑할 줄 아는 사람만이 타인을 사랑할 수 있으니까요. 여기서 말하는 '홀로 살아가기'란 바깥 세계와 완전히 단절하거나 쓸쓸히 외롭게 지낸다는 뜻이 아닙니다.

이해를 돕기 위해 영어 표현을 빌려보자면, 고독을 가리키는 말에는 'loneliness'와 'solitude' 두 가지가 있습니다.

loneliness는 '비자발적 고독', 즉 결핍에서 비롯된 외로움입니다. 늘 자신을 바라볼 사람을 찾아 헤매고, 누군가 곁에 있어야만 버틸 수 있는 상태입니다.

반면, 여기서 말하는 '홀로 살아가기'는 solitude, 곧 '자발적 고독'입니다. 혼자 있어도 쓸쓸하지 않고, 오히려 자유롭고 충만한 상태입니다. 누구든 과거를 돌아보면 자신이 어느 쪽에 가까웠는지 알 수 있습니다.

여기서 말하는 '혼자서 차분히 살아가는 연습'이란, 최소 이틀 동안 외부와 연결을 끊고 홀로 지내보는 일을 뜻합니다. 구체적으로 다음과 같은 의미가 담겨 있습니다.

- 인스턴트나 즉석 조리품 대신 직접 음식을 만들고, 청소와 빨래까지도 스스로 해냅니다. 그러면 혼자 사는 삶에 해야 할 일이 얼마나 많고 시간이 얼마나 많이 필요한지를 실감하게 됩니다. 무엇이든 정성을 들여야만 삶이 온전해진다는 사실도 깨닫습니다.
- 작은 일들을 해내는 가운데 성취감을 맛봅니다.
- 살아가는 데 꼭 필요한 일을 하면서 집중하는 법을 배우고, 집중하지 못하면 집안일 하나조차 제대로 해낼 수 없음을 깨닫습니다.
- 공상이나 눈속임, 게임 따위로는 삶을 지탱하지 못한다는, 단순하지만 분명한 사실을 확인합니다.

- 사회적 의무나 타인의 시선이 사라지면, 오히려 몸의 존재가 또렷이 느껴집니다. 동시에 오감이 예민해지고 살아 있음을 강하게 자각합니다.
- 고요 속에 머물며 감정의 파동이 잦아들 때, 깊고 평온한 기쁨이 찾아옵니다.
- 앉아서 아무 생각도 하지 않고 그저 머무는 상태를 체험합니다.
- 몸과 마음이 비워지며 새로운 힘이 차오릅니다.

이틀 동안 컴퓨터와 전화 같은 통신 기기, 게임기나 음악 플레이어, TV를 전혀 사용하지 않습니다. 오직 자연의 소리와 생활의 소리만이 배경음악이 됩니다.

그렇게 지내보면 시간은 느리게 흐르고, 마음은 차츰 고요해집니다. 마침내 마음이 사라진 듯 비워지고, 허무가 아닌 자발적 '무(無)' 속에 잠기는 순간을 맞이하게 됩니다.

① 첫째 날: 자기 자신을 풀어주기

자발적 고독을 맞이하는 이틀은 언뜻 보기에 사랑과는 아무런 관련이 없어 보일지도 모릅니다. 그러나 이는 사랑을 위한 가장 기초적인 연습입니다. 사랑하려면 먼저 자기 자신을 사랑해야 하니까요.

우리는 늘 사회 속에서 규칙과 절제를 지키며 살아갑니다. 주어진 역할을 연기하듯 살아가기에, 진짜 자기 자신을 드러내는 일은 드물죠. 바로, 그 점이 삶을 답답하게 만드는 원인 중 하나입니다. 그러니 먼저 혼자가 되어 자기 자신을 해방시켜주어야 합니다. 이것이 자발적 고독함을 누리는 첫째 날 해야 할 일입니다.

누군가는 '자신을 해방한다'라는 말을 듣고, 늘 하고 싶었지만 참아온 일을 떠올릴지도 모릅니다. 그야말로 자기 해방이라는 생각이 들 수도 있죠. 실제로 해봐도 괜찮습니다. 그러나 곧 손이 멈추거나, 사실은 정말로 하고 싶은 일이 아니었음을 깨닫게 되기도 합니다.

"정말 하고 싶었는데 못 하고 참아왔다"라는 말은, '지금 하는 일을 던져버리고, 여기서 벗어나고 싶다'라는 마음을 교묘하게 바꿔 표현한 말에 지나지 않습니다. 이는 변명이며 스스로에게 거짓말을 하는 일이죠. 간절히 하고 싶은 일이었다면 벌써 행동으로 옮겼을 테니까요.

우리는 종종 아무것도 하지 않은 채 멀리 환상을 바라보며 "언젠가 저곳에 가고 싶다"라고 말합니다. 그러나 결국 누구나 지금 이 순간, 마음이 이끄는 일을 하고 있을 뿐입니다.

이틀 동안 홀로 고요히 지내보면 비로소 깨닫게 됩니다. 스스로 얼마나 작은 존재인지, 밥을 짓고 청소하는 단순한 일조차 얼마나 어려운지를.

이 경험만으로도, 셋째 날 사회로 돌아갔을 때 다양한 서비스를 제공하는 사람들을 결코 가볍게 여기지 않게 됩니다. 그동안은 단순해 보였던 일들이 사실은 수많은 경험과 노하우를 지닌 이들만이 제대로 해낼 수 있는 일임을 새삼 깨닫게 되기 때문입니다.

한편으로 고요 속에서는 불쾌한 기억이 불쑥 고개를 들기도 합니다. 그럴 때는 억누르려 하지 말고, 한 발 물러서서 바라보면 됩니다. 마치 제3자가 자신을 내려다보듯 "아, 지금 저 사람은 옛일을 떠올리고 있구나" 하고 담담히 인정하면 됩니다. 그렇게 메타인지를 통해 자신을 멀리서 객관적으로 바라보면, 싫은 기억은 차츰 엷어지고 사라집니다. 괜스레 후회하거나 반성한다면 오히려 감정을 더 흔들 뿐, 도움이 되지 않습니다.

설거지를 마치고 청소를 끝냈다면, 잠시 아무 생각 없이 앉아 쉬어보십시오. 그런 다음에는 빨래를 하고 몸을 씻고, 치아를 정성껏 닦습니다. 가능하다면 혼잣말조차 하지 않는 게 좋습니다. 앉을 때는 방 한가운데 자리를 잡아보십시오. 그곳이 세계의 중심, 산 정상이라 느껴도 좋습니다. 창으로 햇살이 들어온다면, 그 빛 속에 반쯤 몸을 담그며 온기를 느끼기를 바랍니다.

자세는 가부좌든 정좌든 상관없습니다. 중요한 사실은 단 하나, 등을 곧게 세우고 턱을 살짝 당긴 채 아무 생각도 하지 않는 겁니다. 적어도 이틀 동안은 머리를 굴리는 일을 완전히 멈추어야 합니다. 날씨가 좋다면 창을 열고 풀잎과 나무에서 날아온 향기를 맡아보세요. 만일 바깥에서 소란스러움이 밀려든다면 창을 닫는 편이 낫습니다. 이 이틀만큼은 고요함을 유지해야 하니까요.

그렇게 지내보면 평소와는 전혀 다른 감각을 느낍니다. 자신이 온전히 채워진 듯한 충만감, 곧 행복입니다. 그 순간 한 가지에 마음을 기울이기 때문에 가능한 일입니다.

철학자 알랭도 이 점을 꿰뚫어 보고 『알랭의 행복론』에 이렇게 말했습니다.

> **상당히 힘든 일에 모든 주의를 쏟아붓는 사람, 그 사람은 완전히 행복하다. 그러나 과거와 미래를 떠올리는 사람은 완전히 행복할 수 없다. (…) 요컨대, 행복하려면 자기 자신을 생각해서는 안 된다.**

거울 속 자신을 매일 들여다보며 스스로를 평가하는 사람이 과연 행복할 수 있을까요? 아마도 불가능할 겁니다.

행복이라는 말조차 떠올리지 않고 눈앞의 일에 몰두하는 사람, 그가 진정으로 행복한 사람입니다. 행복을 의식하지 않고, 그저 그 순간 일에 진지하게 임할 뿐이죠. 그래서 장난에 푹 빠져 침을 흘리며 노는 아이도, 발밑의 작은 벌레에 정신없이 시선을 빼앗긴 채 앞발로 장난치는 새끼 고양이도, 모두 눈부신 행복 한가운데 있는 겁니다.

② 둘째 날: 자기실현의 기쁨을 맛보기

둘째 날이 되면, 집안일이든 아무 생각 없이 앉아 있는 시간이든, 전날보다 훨씬 수월하게 느껴집니다. 단순히 익숙해져서가 아닙니다. 지금껏 잠들었던 자기 능력이 깨어나 움직이기 때문입니다. 바로 그 깨어남이 '자기실현'의 첫걸음입니다.

사람들은 자기실현이라는 말을 흔히 비즈니스 세계의 성취, 거창한 꿈과 연결합니다. 그러나 이는 화려한 포장 뒤에서 가짜 성공을 팔아온 숱한 사기꾼들이 퍼뜨린 허상입니다.

사람들은 흔히 '성공'을 입에 올리며, 성공이 인생의 최종 목적지인 양 여깁니다. 그러나 그런 성공은 어디에도 없습니다. 장사가 아무리 잘돼도 언젠가는 기울기 마련이고, 성공이라 불리는 순간들도 결국은 인생의 한순간일 뿐입니다.

그럼에도 덧없는 성공을 인생의 목표라 여기며, 최고의 기쁨이라 믿는 감각, 이는 차라리 광기에 가까울지도 모릅니다.

자기실현은 금전적 욕망이나 명예욕을 채우는 일이 아닙니다. 욕심과 집착이 뒤섞인 이기적인 꿈을 이루는 일도 아니죠. 아브라함 매슬로가 제시한 '자기실현(self-actualization)'이라는 말에서도 드러나듯, 본래 의미는 자기 안에 깃든 감각과 재능을 삶에서 마음껏 펼쳐내는 활동입니다. 마음껏 뛰노는 아이나 고양이야말로 자기실현의 기쁨을 가장 잘 보여주는 예시일 겁니다.

자신을 사랑하는 일은 스스로를 귀하게 여기고, 능력을 발휘해 자기실현을 이루는 일입니다. 그러면서 동시에 타인에게도 자기실현의 기회를 조용히 줄 수 있다면, 곧 타인을 사랑하는 길이 됩니다. 자기 자신을 무시한 채 누군가를 사랑하기란 불가능합니다. 자신을 사랑하지 못하는 사람은 타인도 사랑할 수 없습니다.

자신을 위해 쓸 능력이 있다면, 그 능력은 타인을 위해서도 쓸 수 있습니다. 그리고 그 능력이 사랑으로 흘러나올 때, 몸과 마음은 충만해지고 진정한 기쁨이 샘솟습니다. 자기실현과 사랑, 기쁨은 서로 맞물려 하나의 흐름으로 이어집니다.

하지만 현실은 어떤가요? 입으로는 "사랑한다"라고 말하면서도, 실제로는 온갖 방식으로 상대를 구속해 자기실현을 막아서는 이들이 적지 않습니다.

그들은 달콤하게 속삭입니다.

"나는 너만을 사랑해. 이 사랑은 진짜야."

그러나 단 한 사람만을 향한다는 사랑은 애초에 존재하지 않습니다. 사랑이란 햇빛과 같아서 누구에게나 비출 뿐 한 사람만 움켜쥘 수는 없습니다.

따라서 "너만을 사랑한다"라는 말은 새빨간 거짓입니다. 그 속마음은 '너를 붙들어 내 뜻대로 하겠다, 내 말을 따라라'라는 명령이지 사랑이 아닙니다. 상대를 옭아매는 폭력입니다.

나이와 상관없이 이런 방식을 자연스럽게 되풀이하며, 조금도 의문을 품지 않은 채 '이게 우리가 사랑하는 방식이야'라고 착각하는 연인이나 부모 자식 관계가 너무도 많습니다.

나 자신에게
중심을 맞춰라

사회는 우리에게 '~다움'을 요구합니다. '학생다움', '남자다움', '여자다움', '어른다움' 등등. 그러다 회사에 들어가면 그 조직에 맞는 '직원다움'을 요구받습니다.

이런 '~다움'은 결국 우리의 생각과 행동에 보이지 않는 굴레를 씌웁니다. 그 굴레는 자기실현을 가로막습니다. 형식에 맞춘 삶, '~다움'을 강요하는 주체는 누구일까요? 다름 아닌 세상입니다. 그렇게 세상이 요구하는 '~다움'을 지닌다 해도 특별한 대가가 돌아온다고 기대해서는 안 됩니다. 오히려 어디서나 볼 수 있는 평범한 사람으로 취급될 뿐입니다.

게다가 그 '~다움'을 떠안고 억지로 자신을 거기에 맞추며 산다면, 인생은 얼마나 무겁고 답답하겠습니까. 그러니 그 굴레에서 벗어나려면 세속으로부터 단호히 물러나, 독립적인 시간을 가져야 합니다. 그것이야말로 자신을 구하는 길입니다.

이틀 동안 자발적으로 고독했던 상태를 마치고 일상으로 돌아왔을 때, 사람은 단순히 이틀 전의 자신으로 되돌아갔다고 느끼지 않습니다. 주변은 예전과 다르지 않더라도, 내 안에서는 분명한 변화가 일어납니다. 마치 몸속 깊은 곳에 차갑고 맑은 물이 고요히 고이는 감각이 일어납니다.

이틀 동안 진실한 경험 끝에 우리는 자기 안에 자리한 '고요함'을 만나게 됩니다. 그 고요함이 존재의 중심임을 느끼는 순간, 동시에 깨닫습니다. 바깥에서는 세속의 온갖 불순물들이 겹겹이 쌓여서, 우리가 평소 일터에서 남들에게 보여주던 사회적 자아를 형성해왔음을 말이죠.

자기 안에 고요한 중심을 발견했으니, 앞으로는 그 중심을 더 굵고 단단히 키워가야 합니다. 세상이 요구하는 방식이 아니라 나 자신에 맞추어 자기 능력을 펼치며 살아가는 방식으로 말입니다.

그 길 끝에서 우리는 만족과 감사, 행복을 만납니다. 바로, 서로에게 스며들고 사랑하는 힘을 얻은 이에게 주어지는, 삶이 건네는 가장 깊은 선물입니다.

○ **자발적 고독을 연습하기 좋은 독서**

한 번이라도 자발적으로 고독한 시간을 보내며 고요함을 맛본 사람은 일상에서도 자연스레 그런 시간을 갖고 싶어 합니다. 일상에서 고독한 고요함을 실천할 간단한 방법은 바로, 독서입니다.

여기서 말하는 독서는 사용 설명서나 업무 자료, 잡지나 인터넷 기사, 만화나 광고문을 훑는 행위가 아닙니다. 순수하게 책을 읽는 행위를 뜻합니다.

현대 사회에서는 책 읽기의 목적은 흔히 지식을 얻는 데 둡니다. 그러나 이는 사물을 지나치게 단편적으로만 보는 태도입니다. 세상만사를 하나의 의미로만 단정하는, 단순하고 가벼운 시선입니다.

책은 단순히 지식을 쌓는 도구가 아닙니다. 독서는 글자를 따라가다 멈추는 행위가 아닙니다. 그 안의 내용을 자기 힘으로 길어 올리고, 곱씹어 사유하며, 마침내 자기 삶을 새로운 눈으로 바라보게 만드는 깊은 여정입니다.

겉으로는 책 읽기가 쉬워 보일지 모릅니다. 그러나 실제로는 결코 만만하지 않습니다. 언어와 개념을 이해해야 하고, 논리의 흐름까지 놓치지 않아야 하니까요. 무엇보다 마음이 고요하지 않으면 책 한 장도 온전히 읽어내기 힘듭니다.

그렇다면 한 권의 책을 끝까지 읽어 내려가기 위해 무엇이 필요할까요? 다음의 조건들을 갖추길 제안합니다.

① 사회에서 벗어난 공간과 시간

누구의 방해도 받지 않는 장소와 시간이 마련될 때 비로소 우리는 책을 제대로 읽을 수 있습니다. 그 순간이 곧 작은 자발적 고독입니다.

② 자유로운 상태

몸과 마음이 자유롭지 않으면 책을 제대로 읽지 못합니다. 자유는 자립에서 오고, 자립은 일(또는 타인을 돕는 활동)에서 가능합니다. 그래야 비로소 자율적인 독서가 이루어집니다.

③ 예단하지 않는 태도

무엇이든 서둘러 결론을 내리고 싶어 한다면 긴 독서는 어렵습니다. 요약본으로 대신한다면 참된 독서라 할 수 없습니다.

④ 삶의 경험

머리로 이해하는 능력만으로는 책을 깊이 읽을 수 없습니다. 다양한 생활 경험이 바탕이 되어야만 글 속 세계가 실제처럼 다가옵니다.

⑤ 인내

독서는 한 사람의 이야기를 묵묵히 듣는 일과 같습니다. 독서에 인내가 필요한 이유입니다. 다소 지루한 책이라도 참고 읽는 동안 자연스레 인내가 자랍니다.

책 읽기가 안겨주는 선물이 하나 더 있습니다. 바로 집중력입니다. 다만 이 힘은 책 한 권을 끝까지 읽어냈을 때만 생깁니다. 집중력은 훗날 일이나 인간관계에도 두루 활용되고 자발적 고독의 삶을 이어가는 데도 큰 힘이 됩니다. 집중하는 힘은 어떤 일이든 끝까지 밀고 나갈 수 있다는 뜻이니까요.

아울러 넓은 의미에서 무언가를 '읽어내는 힘'도 자랍니다. 다른 사람의 말과 표정 속에서 본심을 읽어내고, 사랑하는 사람 안에 잠재된 능력까지 알아차릴 줄 압니다. 보통 '문맥을 읽어낸다'라고도 하죠. 이러한 힘은 곧 소통 능력의 토대가 됩니다. 게다가 독서를 하며 여러 분야의 용어나 표현을 접하게 되므로 자연히 구사하는 어휘가 풍성해집니다. 이는 표현력이 탁월해진다는 뜻으로, 현대 사회에서 살아갈 생명력을 한층 강하게 키워줍니다.

거듭 말하지만 오락을 위한 책은 예외입니다. 그 안에는 세속의 소음이 고스란히 담겨 있기 때문입니다. 애써 세상과 거리를 두고 겨우 고요 속에 들어왔는데, 그런 책을 읽는다면 머릿속에 다시 세속의 소음을 불러들이는 격입니다. 그 순간, 자발적 고독은 산산조각 나고 맙니다.

사랑은 생각보다 용기가 필요하지 않다

⋮

　자발적 고독을 한 번이라도 경험하면, 자신이 달라졌음을 분명히 느낍니다. 잠들었던 본래 능력이 깨어나고, 그 깨어남이 삶의 방식 전체를 새롭게 바꿉니다. 그러면서 자기 안에서 벌어지는 다음과 같은 변화를 또렷이 알아차리게 되죠.

- 새로운 일을 시작하기가 한결 가벼워진다.
- 무언가를 시작하는 순간 자체가 진정한 경험이 되어 상황을 바꾼다(세속적 가치관과는 전혀 다른 차원의 가치를 맛보게 된다).

- 만물을 있는 그대로 받아들이는 태도가 사랑의 첫걸음임을 깨닫는다.
- 고요함을 즐긴다.
- 내면의 세계가 외부와 맺는 관계에 따라 삶이 달라진다는 사실을 몸소 깨닫는다.

인간에게 본래 내재된 능력인 사랑을 발휘하기 위해, 자발적 고독은 기회가 됩니다. 그러나 다른 일에 도전할 때와 마찬가지로 그 기회를 무너뜨리는 일은 아주 쉽습니다. 무엇이냐면, 그저 겁을 먹기만 하면 됩니다. 우리는 정작 스스로 겁먹는다는 사실조차 모른 채 그 기회를 차버립니다. 오히려 치밀하게 준비하고 세심하게 대비한다고 스스로를 설득합니다. 하지만 준비는 끝이 없습니다. 겁을 먹었기 때문에 속마음 깊은 곳에서는 차라리 시작하지 않기를 바랄지도 모를 일입니다.

○ **일단 시작하면 어떻게든 된다**

스스로 현명하다고 여기는 사람들은 정교한 계획을 세우고 효율적인 준비에 몰두합니다. 그러나 이들 역시 두려움에서 자유롭지 않습니다. 효율적인 준비가 성공을 보장한다고 믿기에, 사실은 그 믿음에 매달린 채 두려움에서 벗어나지 못할 뿐입니다. 하지만 완벽해 보이는 방법이 성취를 담보하지는 않습니다. 어떤 일이든 직접 시작하지 않으면 아무것도 이루어지지 않습니다. 결과를 결정하는 힘은 방법이 아니라 출발에서 비롯됩니다.

결과나 성취란 결국 '내 일이 긍정할 만한 것이냐 아니냐'를 달리 말하는 데 지나지 않습니다. 종이에 크레용으로 부모 얼굴을 엉망으로 그려놓고도 최고의 선물을 완성했다며 만족해하는 어린아이의 태도야말로 좋은 예입니다. 사랑도 이와 다르지 않습니다.

많은 사람들이 처음부터 '사랑을 잘해야 한다'라고 생각합니다. 그러나 그런 마음은 오히려 압박이 되어 행동을 가로막습니다. '잘해야 한다'는 강박이 불안을 키우기 때문입니다.

이러한 겁 많은 태도는 아마도 학생을 등급으로 나누는 학교 제도에서 비롯되었을 겁니다. 하는 일마다 평가와 순위가 매겨지기 때문에 당연시 되었죠. 어른이 되어서도 상황은 달라지지 않습니다. 회사의 인사 고과가 그 대표적 예입니다. 인간 자체에 점수를 매기는 듯한 평가 속에서 누군가는 낙담하고, 누군가는 우쭐하며, 또 누군가는 자신감을 잃습니다.

설상가상으로 업무 성과를 곧바로 인격과 연결시키는 경영

자까지 등장합니다. 기업은 도덕 교육을 시키고, 심리학을 동원해 동기부여 훈련을 합니다. 그러나 이는 앞서 설명한 범주 오류일 뿐입니다. 그 사실을 모르기에 사람들은 희비에 휘둘립니다.

사랑에는 잘하고 못함이라는 평가가 애초에 존재하지 않습니다. 사랑이라면 예수가 베푼 사랑과 우리가 누군가에게 주는 사랑이 본질적으로 다르지 않습니다.

자발적으로 고독할 때, 억지로라도 많은 일을 스스로 해야 합니다. 그 과정에서 '일단 시작하기만 하면 어떻게든 된다'라는 사실을 깨닫게 됩니다. 다른 일도 마찬가지입니다. 괜히 겁낼 이유가 없습니다. 불안해하며 이런저런 상상을 거듭한다고 해서 달라지지 않습니다. 직접 시작하는 일만이 상황을 바꿀 수 있습니다.

사랑도 그렇습니다. 내가 먼저 사랑하면 상황은 달라집니다. 큰 용기가 필요하지도 않습니다. 조용히, 아무도 모르게 사랑하더라도 그건 분명 사랑입니다.

계산하지 않고
마음을 준다

⋮

'내가 먼저 사랑하면 상황은 달라진다'라는 말을 들을 때, 이런 이야기가 생각납니다. 『성경』에 기록된, 훗날 '선한 사마리아인'이라 불린 일화입니다.

줄거리를 요약하면 다음과 같습니다.

예루살렘에서 여리고로 가던 길에 한 유대인 나그네가 강도를 만나 반쯤 죽은 채 쓰러져 있었다. 먼저 다가온 이는 제사장 유대인이었다. 그는 쓰러진 나그네를 발견했지만 못 본 체하고 그냥 지나갔다.

그다음으로 다가온 이는 대대로 제사장을 계승하는 레위인이었다. 그 역시 쓰러진 나그네를 보고도 급히 눈길을 돌리며 가던 길을 재촉했다. 그러나 세 번째로 다가온 사마리아인은 달랐다. 그는 나그네를 자신이 타던 당나귀에 태워 숙소로 데려간 다음 회복될 때까지 모든 비용을 들여 정성껏 돌보았다.

예수는 이른바 '선한 사마리아인 이야기'로 불리는 이 유명한 일화를, '이웃 사랑'의 구체적 예시로 들려주었습니다. 지위나 신념이 달라도 사람은 서로 돕고 살아야 한다는 가르침이었죠.

오늘날 일부 기독교 국가에서는 이 일화를 바탕으로, 긴급 상황에서 선의로 한 구조 행위에 법적 책임을 묻지 않는 '선한 사마리아인 법(Good Samaritan Laws)'을 제정했습니다.

이 책에서는 이 이야기를 '눈앞의 사태에 어떻게 개입해야 하나?'라는 관점에서 바라보고자 합니다.

쓰러진 나그네를 구한 사람은 사마리아인이었지만, 앞선 두 사람도 충분히 상황을 바꿀 수 있었습니다. 그러나 그들은 움직이지 않았습니다. 종교적 대립, 개인적 사정 또는 단순히 '성가신 일에 끼어들고 싶지 않다'라는 계산 때문이었겠지요. 2,000년 전, 유대인과 사마리아인은 종교적 갈등으로 서로를 증오하던 사이였으니 이런 사마리아인의 행동은 더욱 놀라운 이야기입니다.

이렇듯 우리를 행동하지 못하게 만드는 요인은 대개 실재가 아니라 머릿속의 관념들입니다. 종교적 갈등, 사회적 차별, 손익 계산 같은 것들입니다. 이런 계산은 겉으로는 신중해 보이지만, 사실은 신중함이라는 이름 속에 숨은 교묘한 회피일지도 모릅니다.

실제로 위급한 상황에서 많은 이들이 보고도 못 본 체하며 자리를 피합니다. 그래서 실제로 폭행이나 추행 같은 범죄가 끝내 벌어지고 맙니다.

○ **경험을 더 귀한 가치로 여긴다**

직접 개입하면 상황은 달라집니다. 반드시 변화가 일어납니다. 다른 사람이 나서도 변화는 생기지만, 그것은 어디까지나 그 사람의 인생에서 일어난 변화일 뿐입니다.

옆에서 지켜보기만 한다면 내 삶은 조금도 달라지지 않습니다. 남의 경험은 나의 삶이 되지 않으니까요. 자기 삶은 스스로 직접 살아내지 않는 한 결코 시작되지 않습니다.

여기서 분명히 알 수 있는 사실은 '두려움이나 계산으로 피하기보다 직접 경험하는 쪽이 훨씬 삶을 풍요롭게 만든다'라는 점입니다. 더구나 새로운 경험일수록, 진정한 경험일수록 삶을 단단히 지탱해주는 양식이 됩니다.

물론 진실한 경험에는 고통과 괴로움이 따르기 마련입니다. 하지만 손실이 아닙니다. 오히려 귀한 영양분이죠.

바로 이 지점에서 세속에 만연한 상식적인 가치 판단은 단숨에 뒤집힙니다. 세상이 규정한 가치관은 고통이나 괴로움을 피해야 할 손해로 간주하지만, 그 고통이야말로 우리를 자라게 하는 원동력입니다. 마치 근육이 무게의 압박을 견디며 더 강해지는 원리와 다르지 않습니다.

고독 속에서
타인을 받아들이는 법

:
:

자발적 고독의 삶은 얼핏 보면 아주 단순해 보입니다. 그저 혼자 조용히 지내면 되니까요. 하지만 막상 해보면 다릅니다. 첫 한두 시간조차 버티기 어렵습니다. '이럴 때가 아닌데' 하는 불안이 엄습하고, 해야 할 일들이 줄줄이 떠오르며, '시간을 낭비하는 건 아닐까?' 하는 자책까지 뒤따릅니다.

그럼에도 꾹 참고 그 고비를 넘기면 달라집니다. 머릿속을 떠돌던 잡념들이 어느새 사라졌음을 발견하게 됩니다. 단순히 익숙해진 결과가 아니라, 지금의 나와 지금의 상태를 있는 그대로 받아들였기 때문입니다. '지금을 받아들이는 마음'이야말로 앞으로 수많은 상황을 담아낼 가장 든든한 그릇이 되어 인생을 넓혀줄 겁니다.

우리 마음속 불만을 가만히 들여다보면, 결국 그 뿌리는 하나로 모입니다. 바로 '지금의 상태를 받아들이고 싶지 않다'라는 마음입니다. 그러나 현실은 거부한다고 달라지지 않습니다. 눈앞의 상황은 우리의 뜻대로 사라지지 않습니다.

많은 사람들이 상황이 바뀌기를 바라지만, 스스로는 아무 관여도 하지 않습니다. 멀찍이서 지켜보거나 비난만 쏟아낼 뿐, 자신이 직접 걸어 들어가려 하지는 않죠.

그러나 다른 길이 있습니다. 부정하거나 미워하는 대신, 먼저 그 상태를 있는 그대로 받아들이는 태도입니다. '어쩔 수 없다'라며 체념하고 현실에 떠밀린다는 뜻도 아닙니다. 오히려 눈앞의 사실을 정면으로 마주하고 받아들이는 용기입니다. 그럴 때 비로소 우리는 스스로 개입할지, 아니면 물러설지를 분명히 선택할 수 있습니다.

자기 일, 자기 삶 또는 사랑하는 사람에게 불만이 생길 때도 마찬가지입니다. 무슨 일이든 일단 내가 그것을 받아들이지 않으면 긍정적인 변화는 일어나지 않습니다. 특히 좋아하는 사람의 모습이나 과거를 있는 그대로 인정하지 못한다면, 그 마음은 결코 사랑으로 자라지 못합니다.

곰곰이 들여다보면, 우리는 남을 좋아하기 전에 이미 자기애를 발휘해 자신을 있는 그대로 받아들이고 있습니다. 그런데 유독 타인에게만 문턱을 높이고 마음을 좁힌다면, 결국 자기 마음을 스스로 옥죄는 셈이죠. 자신을 받아들였던 태도를 고스란히 상대에게 돌리면 됩니다. 생각보다 어려운 일이 아닙니다.

그런 의미에서 자발적 고독의 삶 속에 우리가 처음 마주하는 고요한 외로움과 아무 생각 없이 머무는 순간을 온전히 받아들이는 태도야말로 나를 있는 그대로 받아들이는 연습의 첫걸음이 됩니다.

○ **고독은 사랑을 꽃피우는 든든한 토대가 된다**

'자발적 고독'이라 부르는 고요함 속에 머물면, 그동안 내가 어떤 삶을 살아왔는지, 무엇에 기대어 지내왔는지가 또렷하게 드러납니다.

고요히 앉아 있노라면 불쑥 분노나 원망이 올라오기도 합니다. 아니면 가만히 있는 순간이 괜스레 불안해져 음악을 틀거나 영상을 찾고 싶어질지도 모릅니다.

그럴 때는 어떻게 해야 할까요? 방법은 앞서 말한 그대로입니다. 감정과 충동을 억누르려 하지 말고 '아, 지금 이런 마음이 올라오고 있구나' 하고 담담히 인정하면 됩니다. 인정하지 않고 '마음이 산만하니 다음 주말에 하자'라며 미룬다면 '다음 주말'은 영영 오지 않습니다.

그러니 한 번쯤 자신의 기질과 습관을 솔직히 인정하고, 이번 이틀만큼은 그 습관을 내려놓기 바랍니다. 그 작은 결심 하나만으로도 절제할 힘이 생기고 주체적으로 나아갈 길이 열립니다. 그렇게 스스로를 다스리며 내 몸과 마음의 주인이 되어 갑니다.

고요함 속에 자신을 두는 일은 변명이 통하지 않는 자리에 자신을 세우는 일입니다. 그제야 비로소 내가 어떤 사람인지 눈에 들어옵니다. 어떤 모습이든 우선 인정해야 합니다. 그렇지 않으면 세속의 소음을 빌려 스스로를 속이며 살 테니까요.

고요 속에 오래 머물면, 언젠가는 고요에 쌓였다는 감미로운 느낌을 온몸으로 체험하게 됩니다. 그때가 오면, 일상으로 돌아가서도 그 고요를 마음 깊이 간직하면 됩니다.

생각해보세요. 한 권의 책을 제대로 읽으려면 무엇이 필요할까요? 타인의 말을 온전히 듣고 이해하려면 무엇이 먼저 갖춰져야 할까요? 다름 아닌 마음의 고요입니다.

불안을 안고 흔들리는 마음으로는 책 한 권을 끝까지 읽기 어렵습니다. 마음이 고요해야 책도 읽히고 타인의 말도 잘 들리는 법입니다.

이 사실은 다른 많은 일에도 그대로 들어맞습니다. 특히 무언가를 새로 빚어내는 순간이라면, 마음의 고요가 반드시 필요합니다. 명심하세요. 자발적 고독이 안겨주는 고요함이야말로 사랑을 비롯한 모든 능력을 찬란히 꽃피우는 든든한 토대라는 사실을.

철학자들의 사랑 수업 6

자기 자신을 소홀히 대하는 사람, 좋은 걸 스스로에게 건네지 못하는 사람은 결국 타인에게 무엇이 좋을지 알지 못합니다. 그래서 사랑의 첫걸음은 언제나 자기 자신을 향해야 합니다.

베르댜예프[36]는 그의 저서 『고독과 사랑과 사회』에서 이렇게 말했습니다.

> 타인과의 관계뿐만 아니라, 자신과의 관계 또한 사랑을 전제로 한다.

제대로 된 식사를 하고, 충분히 잠을 자고, 마음을 가라앉히는 시간을 갖고, 자책 대신 자신을 돌보는 일입니다. 언뜻 평범해 보이지만, 사실은 이것들이야말로 사랑의 시작이자, 스스로를 끝까지 붙드는 힘입니다. 심지어 가장 어두운 순간에도 삶을 포기하지 않게 하는 마지막 버팀목이 되기도 합니다.

---

36 니콜라이 베르댜예프(1874~1948)는 러시아 철학자이다. 반공산주의자가 되어 파리로 망명했으며 인간 개개인을 '소우주'로 보았다. 주요 저서로 『현대세계의 인간 운명』, 『도스토옙스키의 세계관』 등이 있다.

사랑의 가장 높은 형태는 서로에게 생명을 주고받는 일이다. 각자가 기쁨으로 사랑을 받아들이고, 힘들이지 않고 사랑을 건넨다. 그 결과로, 서로의 행복이 샘솟고, 각자에게 이 세계가 한층 흥미롭게 다가온다.

철학자이자 수학자였던 러셀[37]은 사랑에 대해 그의 저서 『행복의 정복』에서 '애써 사랑하지 않는다'라고 강조했습니다. 진정한 사랑은 특별한 노력이나 요령이 필요하지 않습니다. 있는 그대로, 자연스럽게 흘러가듯 상대를 사랑하면 충분합니다.

사랑에 '최선의 방법'은 없습니다. 상대 역시 그런 완벽함을 바라지 않습니다. 서로가 서로의 방식으로 사랑할 때, 그 단순함 속에서 이미 행복은 꽃처럼 피어나고, 향기는 오래도록 삶을 채워줍니다.

---

[37] 버트런드 러셀(1872~1970)은 영국의 수학자이자 철학자로 정치운동가로도 활동했으며 1950년 노벨 문학상을 수상했다. 주요 저서로 『철학의 문제들』, 『자유로 가는 길』 등이 있다.

나가는 글

사랑을
기다리는 이에게

진정으로 사랑할 줄 아는 능력을 지닌 사람은 어떻게 변할까요? 무엇보다 시간이 느리게 흐르는 듯한 감각을 얻게 됩니다. 자발적 고독 속에서 마음이 고요해지고 집중이 깊어지면, 무언가에 몰두하는 순간이 전보다 훨씬 밀도 있게 다가옵니다. 그래서 시간은 상대적으로 더디게 흐르는 듯 느껴집니다.

그렇다고 해서 하루에 더 많은 일을 해낼 수 있으리라 기대해서는 안 됩니다. 집중이 깊어진 만큼, 그 사이사이에 아무 생각도 하지 않고 홀로 머무는 '차가운 시간'이 반드시 필요하기 때문이죠.

일상에서 조용히 홀로 보내는 그 시간은, 터키 이스탄불 사람들이 시간을 음미하며 즐기는 풍습인 '케이프(Keyif)'와도 닮았습니다.

진정한 의미에서 사랑은 '자신을 사랑하듯 타인을 사랑하는 행동'입니다. 그래서 때로는 자신이 두 사람인 듯한 감각이 깃들고, 억지로 꾸며낸 동정이 아닌 진짜 동정이 피어납니다.

본문에서 설명한 사마리아인을 떠올려보세요. 그는 죽어가던 사람을 보고 '창자가 끊어지는 듯한 연민'(신약성서번역위원회 역)을 느꼈습니다. 단순한 의무감이 아니라 마음 깊은 곳에서 솟아난 동정이었습니다. 사랑할 수 있는 사람이었기에 그런 동정을 품었죠.

이런 마음으로 성경이나 불전을 펼치면, 그 말씀은 전혀 다르게 다가옵니다. 그 현장에 함께하듯 생생하게 느끼고, 글 속 의미가 가슴 깊숙이 스며듭니다. 단순히 머리로 이해하는 차원을 넘어, 몸과 마음으로 수용하는 체험이 이루어집니다. 그때 비로소 우리는 깨닫습니다. 추상적이고 비논리적으로 보였던 표현이 사실은 진정한 경험에서 길어 올린 진실이며, 지금 이 순간 우리 또한 그 경험을 하고 있음을.

'사랑할 수 있다'라는 말은 매 순간 진실한 경험을 한다는 뜻입니다. 그래서 다른 사람이 진심에서 우러나 말하는지 아닌지도 전보다 훨씬 잘 알아챌 수 있습니다. 눈이 맑아져 맑은 물과 흐린 물을 단번에 구별하듯, 감각이 분명해지니까요. 또한 동물들이 언제나 꾸밈없는 삶을 산다는 사실도 놀랍도록 뚜렷하게 보입니다.

연애의 영역에서 보자면, 더 이상 TV 드라마처럼 불안과 격정에 흔들리지 않습니다. 함께 있다는 사실만으로도 만족과 안도가 찾아옵니다. 특별히 말하지 않아도 두 사람 사이에 불필요한 망상이 끼어들지 않습니다. 잔잔한 음악이 흐르는 듯한 기쁨과 평온 속에 머무르게 됩니다.

사랑을 설명하는 방식은 사람마다 다를 수 있습니다. 어떤 이는 잔잔한 음악에 빗대고, 또 다른 이는 고요한 풍경에 견줍니다. 비록 표현은 달라도, 사랑을 아는 사람이라면 그 말이 어디서 비롯된 감정인지 금세 이해할 수 있습니다.

마지막으로, 이 책을 쓰며 깨달은 사실이 하나 있습니다.
바로, 예수가 한 말씀입니다.

"좁은 문으로 들어가라."

저는 이제 확신합니다. 그 '좁은 문'이란 다름 아닌 '사랑하는 것'임을.

옮긴이 | 나지윤

숙명여자대학교 언론정보학과를 졸업하고 일본 아오야마가쿠인대학 대학원에서 국제커뮤니케이션 석사학위를 받았다. 이후 잡지사 기자를 거쳐 일본어 번역가로 활동 중이다.
주요 역서로 『마음이 소모되기 전에 생각할 것들』, 『똑똑한 관계를 맺는 심리학 법칙』, 『무시했더니 살만해졌다』, 『그래도 인생은 살아볼 만한 것』 등이 있다.

우리가 잃어버린 가장 오래된 감각에 대하여
사랑이라는 세계

인쇄일 | 2025년 11월 5일
발행일 | 2025년 11월 14일

지은이 | 시라토리 하루히코
옮긴이 | 나지윤

펴낸이 | 박지혜
펴낸곳 | 소용
등록번호 제2023-000121호
전화 070-4533-7043 **팩스** 0504-430-0692 **이메일** soyongbook@naver.com
인스타그램 instagram.com/soyongbook **스마트스토어** smartstore.naver.com/soyongbooks

ISBN 979-11-94720-04-1 (03100)
값 19,000원

- 책값은 책 뒤표지에 있습니다.
- 잘못된 책은 구입한 곳에서 교환하실 수 있습니다.